小学館文庫

民の見えざる手

デフレ不況時代の新・国富論

大前研一

小学館

JN323675

文庫版まえがき——若者にチャンスを！　起業家に投資を！——

政府「日本再生戦略」では再生しない

先ごろ政府の国家戦略会議（議長・野田佳彦首相）が策定した「日本再生戦略」は、あまりにもお粗末な内容だった。

２０２０年までの目標として、

「新車販売に占める電気自動車など次世代自動車の割合を５割に」
「理系博士課程修了者の完全雇用」
「木材自給率を50％以上に」
「訪日外国人旅行客を２５００万人に」
「格安航空の割合を２～３割に」
「第１子出産前後の女性の継続就職率を55％に」

など11分野に450の政策を掲げ、それによって900万人超の雇用を生み出すとしているが、「国家戦略」上はどうでもよいことや不可能なことばかりである。これを読むだけで、民主党には〝繁栄の方程式〟について何の見識もないことが明らかだ。「日本再生戦略」とは名ばかりであり、「選択と集中」が戦略の基本であることをおよそ理解していない、全省庁の〝悩み事一覧表〟にすぎず、実行しようのない絵空事である。

そもそも「再生」戦略を策定したということは、日本が「没落」しているという前提に立っているわけだが、これは足下の現状認識を間違っていると思う。日本は没落してしまったわけではない。日本のバブル経済崩壊後の長期的な景気低迷は「失われた20年」などと呼ばれているが、実際に何が失われたのかを考えてみなくては「再生」そのものの定義さえできない。

「低成長」へとソフトランディング

まず、数字で見ると、実は何を失ったのかがはっきりしなくなっている。

経済ジャーナリストのエーモン・フィングルトン氏は、2012年1月8日付の

『ニューヨーク・タイムズ』日曜版オピニオン欄に掲載された論説「日本の失敗という神話」の中で、各種の指標を挙げてそれを説明している。

たとえば日本の失業率は４・２%で、アメリカの半分だ。欧州主要国も10%程度、スペインに至っては25%という中で、日本はＯＥＣＤで最低レベルを維持している。

また、この20年間に建築された高さ１５０メートル以上の高層ビルの数を都市別に比べると、東京が81棟で、ニューヨーク（64棟）やシカゴ（48棟）を上回り、中国のような一部の新興国を除いて先進国では圧倒的に多い。私は定期的に勝鬨橋を渡った豊海町の突端まで行って東京都心の街並みを眺めているが、今や東京のスカイラインは高層ビルが林立してマンハッタンのようになっている。「失われた20年」以前には全くなかった繁栄した摩天楼のような東京の姿が、そこにはある。

あるいは、世界最大手のコンテンツデリバリーネットワーク（ＣＤＮ）事業者アカマイ・テクノロジーズの「世界のインターネット最強都市トップ50」という調査によると、50都市のうち38都市は日本である。インターネット時代に世界最強・最先端のネットワーク環境を構築したのは、まぎれもなく日本なのだ。

本当に「失われた20年」だったのなら、失業率が４%台にとどまっていたり、東京に高層ビルが81棟も建ったり、インターネット最強都市が38もできたりするはずがないだろう。つまり、バブル経済崩壊後の20年間に起きたことを見ると、日本は投資を続け、躍進しているのである。少なくとも没落した姿は統計上も景観上も見えてこない。ヨーロッパのジャーナリストが日本に来て「ニュースを見て日本の時代は終わった、という印象を持っていたが、こんなにクレーンが乱立している都市の姿は想像だにしていなかった」と感嘆していたが、日本人自身が自分の姿を見失っているのではないか、という疑問が湧いてくる。

では、この20年間で日本はどうなったのか？　大幅な失業者の増加を生むことなく、高成長から低成長へと移行したのである。私の知る限り、これほどうまく低成長にソフトランディングできた国はない。

普通、低成長に移行したら失業が急増して犯罪が増え、社会不安が拡大する。しかし、日本は失業者が街にあふれているわけではないし、路頭に迷った若い人たちが暴動を起こしているわけでもない。おそらく、父母や祖父母のお金が子供や孫に渡ったり、契約社員や派遣社員やパートタイマーでも我慢したり、給料が下がっても牛丼やコンビニ弁当でしのいだりして、レベニューシェア（利益の分かち合い）とワークシェア（仕事の分かち合い）が自然なかたちで行なわれているのだろう。この20年間で、1世帯当たりの平均年収は650万円から540万円に100万円余り下がったが、その背景にはそういう現象があると思う。

日本がソフトな社会構造を持っているために、この20年間にわたる政府の無策が、かなり隠されているという側面はある。しかし、国民は政府が頼りにならないことも知っているし、将来が今より良くなるという確信も持てない。したがって、バブル期のような無計画な出費を抑えたり、少しずつでも貯蓄に励んだり、ということで「自衛」し始めている。これが経済成長を減速し、デフレ不況といわれる現象に繋がっている。だが、本書で述べているように、日本にはまだまだ成長余力があるし、統治機構を見直して地域間で人・カネ・モノを世界中から呼び込む競争を繰り広げる仕掛けにすれば、経済だけでなく人材も磨かれて、活気に溢れた国になるだろう。

税金と借金をあてにした経済運営の限界

ところが、今の民主党政権がやろうとしていることは、実行しようのない絵空事だけの公共事業にさらに莫大な税金を注ぎ込み、この成長を押しとどめようとする国家戦略だ。イギリスのサッチャー首相やアメリカのレーガン大統領が断行した規制撤廃は、まだ日本では手がつけられていない。

問題は二つある。一つは、大胆な規制撤廃を行なうと保護されてきた弱い産業が先に潰れるため、失業率が急上昇することである。サッチャー首相もレーガン大統領も在任中は成果が得られず、失意のうちに去って行った。しかし、その後15年くらい経って新しい産業が創出する雇用が増え、経済も好調になった。イギリスではトニー・ブレア首相、アメリカではビル・クリントン大統領の時代である。世界経済がイギリス・アメリカ両国に押し寄せたといっても過言ではないほど好調だった。つまり、自国民から徴収した税金ではなく、世界のカネと企業を呼び込んで繁栄を築くという21世紀のボーダレス経済を実証したのである。

ところが、日本はまだ自国民から集めた税金や、自国民が将来払わなくてはならない借金で何とか経済を立て直そうとしている。政府が19世紀型の経済運営をしている限り、この20年間の苦悩は今後も続く。

もう一つは、統治機構と人材の問題である。日本では世界でも稀に見る強い中央集権体制が、江戸時代以来400年近く続いている。中央集権のおかげで明治維新も戦後の産業復興もうまくいった。しかし、21世紀のボーダレス経済時代には、そもそも国家の大きさや人口の多さは関係ない。マーケットは世界であり、優秀な人材がいれば、小国でも大繁栄できる。そういう時代に、20世紀に優れた工業国家として大国となった日本が、全体としてどちらに向かうのか羅針盤を失い、呻吟している。何を議論してもまとまらない。結局、規制緩和にもＢｕｔ（しかし）、Ｈｏｗｅｖｅｒ（けれども）、Ｏｎ　ｔｈｅ　ｏｔｈｅｒ　ｈａｎｄ（一方では）の連続で、改革はままならない。２兆円の事業仕分けをしても成果に繋がるのは20億円というもどかしさは、結局、日本が大胆な意思決定をできないことを示している。

かたや世界で成功しているところを見ると、国の経営も企業と同じく「ＯＲＧＡＮＩＺＥ　ＳＭＡＬＬ（小さく組織せよ）」ということになる。どのくらい小さいかといえば、「景色の見える単位」だ。世界地図の上で自分の位置がわかる単位である。

私は20年以上にわたって「平成維新」で統治機構の大改革を提唱してきているが、その中で述べている「道州制」が一つの目安となる。道州ごとに自分で戦略を考え、世界から人・カネ・モノを呼び込むことができればよいのだ。東京がすべての指針を出す江戸時代の中央集権型のやり方では、永遠に堂々巡りだ。道州には世界を相手に勝負できる人材が必要だから、工業化社会が必要とした均質かつ優秀な人材ではなく、特定の分野に突出した「異才」が必要だ。現在の文部科学省には想像もつかないような〝教育革命〟を道州ごとに実行し、それぞれの道州が必要としている人材を自分で育てていかねばならない。

世界の繁栄に逆行している日本

いま世界で繁栄している国には共通点がある。上記の二つの条件を満たしていることである。すなわち人口が数百万〜1000万人、1人当たりGDPが400万円以上で、世界を取り込むのが非常にうまいことだ。これらの国を私は「クオリティ国家」と呼んでいる。規模の拡大を目指す「ボリューム国家」に対して、質の向上を目指す国である。その特徴は、私が提唱する日本の道州と同じくらいの大きさで、日本と違って世界からカネ、企業、人を呼び込むために税金体系を自由に決めており、ほとんどの国は相続税がゼロで所得税や法人税も安いことだ。

代表例はスイスだ。人口787万人で国内市場が小さいため、自国企業がどんどん世界に出て行って稼いでいる。食品・飲料会社のネスレ、時計メーカーのIWCやスウォッチグループ、人材派遣会社のアデコなど世界企業は枚挙に暇(いとま)がない。法人税は連邦税と州・地方自治体(市町村)税からなり、連邦税は一律8・5%、州・地方自治体税は3〜21%だが、すべての州で持ち株会社と管理会社に対する優遇税制や、新規に設立した会社に対する最長10年の法人税減免制度がある。相続税はなく、所得税は法人税と同じく連邦と州・地方自治体で世帯単位に課税され、連邦税の最高税率は11・5％、州・地方自治体ごとに課税方式が異なる。世界の有力企業と金持ちに来てもらいたいから、敷居を低くしているのだ。このため、スイス企業が海外に出て行くだけでなく、驚くほど多くの外国企業がスイスに拠点を構えるようになっている。税金を安くして繁栄を世界から呼び込むというのは日本の対極だ。日本は世界から企業が来ないようにして（ブルドックソースのような）競争力のない国内企業を守り、税金を高くして国民や企業から国の無駄遣いの原資を徴収している。

シンガポールも同様だ。東京23区と同じくらいの面積しかないのに、1人当たりGDPではすでに日本を抜いてアジア最強国家となっている。アメリカの『タイム』誌によれば、世界で最も億万長者比率の高い国が人口518万人のシンガポールで、なんと全世帯の18％がミリオネアだという。また、世界中から優秀な人材を100万人以上も呼び込んだり、7割の家庭がフィリピン人などの家政婦を雇ったり、自国に足りないものは規制を撤廃して何でも〝輸入〟し、成長の原動力にしている。

国家ではないが、香港もそうだ。香港の建築基準法は、建蔽率や容積率などの制限がある日本と逆で、土地が狭いため20階建て以下のビルを造ってはいけない、などの規制がある。

また、「クオリティ国家」の枠には入らないが、アメリカは「地方自治」によって繁栄の基礎を作ってきた。いわば各州がクオリティ国家として機能して、その集合体が合衆国となっている。かつて日本企業が元気だった頃は、全米50州のうち49州が州ごとに日本に投資誘致事務所を置いて日本企業を呼び込んでいた。州によっては、日本企業が進出すると従業員の採用から訓練まで全部向こうが面倒を見てくれた。それほど自由にできるだけの地方自治があるわけだ。

これらのクオリティ国家の繁栄に対して、今の日本がやっているのは全く逆である。派遣法などでどんどん雇用を硬直化させ、税金は高く、建築基準法は全国一律で厳しい。起業する人、投資をする人、外資——などを敵視した政策のオンパレードである。このままでは、ますます世界から富がやってこなくなるのは自明だ。それを変えるには道州制を導入して、「ローカル・ルール」でやるしかない。

規制だらけの日本を「カモにする」

たとえば「大阪都構想法案」が成立したら、神奈川県は「横浜都」を作り、本書第4章で詳述しているように、工場や倉庫がなくなって利用されていない京浜運河沿いを住宅街に転換すればよい。そうすれば、水辺の快適なところに住みながら横浜から船やモノレールで東京都心まで短時間で通勤できるようになり、その開発プロジェクトには世界中からカネと企業が集まってくる。

　建築基準法も、国が全国一律に決めるのではなく、道州が自分で決めるべきだ。たとえば、サイクロンの被害が多いオーストラリア・クイーンズランド州の建築基準法では、建物の強度がサイクロンの襲来頻度によって三つに分かれている。それと同じように、沖縄には沖縄の、地震がない対馬には対馬の、それぞれ地方の気候と環境に合った建築基準法を定めればよいのである。

　そうした地方分権のとば口となるのが橋下徹・大阪市長の大阪都構想だ。橋下氏の登場で道州制は一気に現実味を帯びつつあるが、大阪と共に私が期待しているのは九州だ。もし九州が、本書で紹介しているような、リタイアした人たちが九州の温暖な気候の下で安心・安全な老後を過ごせるようにするアクティブ・シニア構想やアジア向けのマーケットを創り出す戦略を打ち出せば、必ず繁栄するからだ。

　具体的な施策は、高齢者の税金を安くする、日本が追い返した外国人看護師・介護福祉士を受け入れてリーズナブルに看護・介護が受けられるようにする、アジア専門の新興株式市場を開設する、鳥栖に国際ハブ空港を建設する――など、いくらでも考えられる。鉄道と高速道路でぐるっと一周できるようになれば、産業も観光も、もちろん居住者にとっても、アジアで最も快適な産業基盤と生活基盤が整うことになる。

カギは、日本の国が規制していること、日本の他の地域ではできないことを可能にして「九州以外の(法律や規制でがんじがらめになった)日本を〝カモ〟にする」という概念だ。中国で深圳(シンセン)が急成長したのは、社会主義市場経済という一国二制度の下で、世界からカネと企業を呼び込むために当時遅れていた中国全土をカモにしたからである。つまり「経済特区」というローカル・ルールによって、内陸部から安い労働力を入れて外国企業に提供することで繁栄したのである。

逆にいえば、ローカル・ルールを認めて地方を自由にしない限り、日本が再生することはないのである。もはや中央集権で国全体が一つの方向に進んでも成長はできない。地方分権によって、日本の中にいくつもの〝クオリティ国家〟を生み出さねばならないのだ。

「遺産を若者に投資する」という発想

再生ということでいえば、私はいま休眠預金の一部を使ったベンチャー支援の構想を政府に提言している。10年以上お金の出し入れがない休眠預金は、合計で５００億円とも８００億円ともいわれるが、そのうちの一部をベンチャー企業の起業支援に使えないかと思うのだ。

私自身、現在ビジネス・ブレークスルー大学やアタッカーズ・ビジネススクールの卒業生などで起業プランをもっている人間に対して、簡単な審査を経て、２００万円の事業資金を提供する活動を続けている。これは、起業に向けた基礎的なトレーニングを積んだ人間で、有望な事業計画をもっている若者にチャンスを与える、という考え方で取り組んでいるものだ。

実際、かつては２００万円で起業するのは至難の業（わざ）だったが、今はクラウド・コンピューティングやクラウド・ソーシングが進化を続け、フェイスブックやツイッターなどのＩＴツールがプラットホームとなっているため、それらを活用することで起業のハードルはかなり低くなっている。だから、自己資金＋２００万円でも十分チャンスを摑めるようになっているのである。

仮に国がこうした発想の下で、休眠預金のうちの１億円だけでも活用しようと決めれば、50人の起業家が自分たちの構想を実行できるのだ。もし１００億円を振り分ければ、５０００人もの起業家が新しい企業を生み出すことになる。

あるいは、「もし自分が死んだら、遺産の一部を今後の日本を背負って立つ若い起業家のための投資に回してもよい」という篤志家たちの受け皿を作り、これからますます増える一方の高齢者に呼びかければ、少なからぬ人が賛同してくれるのではないかと思う。生きているうちに寄付することは不安が多いが、これは自分の死んだ後の寄付であり、「この贈与システムは、若者にチャンスを与え、次世代の有望な日本人に期待を託す最も効果的な資金になります」と謳えば、前向きに考えるだろう。

これらが現実になれば、間違いなく日本の景色は変わるはずである。

バブル経済崩壊後の最初の10年間は、政府がケインズ経済的なアプローチで緊急経済対策などと称して公共投資に税金を投入した。しかし、景気は全く回復しなかった。ところが、その後、政府が放っておいたら、民間は自助努力によって持ちこたえ、景気は底堅くなったと考えられる。その証拠に「コンクリートから人へ」の民主党政権があれほど公共事業を削減したにもかかわらず、ゼネコンはほとんど潰れていない。そして今では、東日本大震災の〝復興特需〟で完全に蘇っている。

1991年度から2011年度の経済成長率は最高3・2%（2010年度）、最低マイナス3・7%（2008年度）、平均0・8%である。そういう成長率が20年も続いているということは、日本の少子高齢化や労働人口の減少などを前提にすると、低成長はもはや異常の状態ではなく〝平常の状態〟になったということなのだ。

ならば、これからデフレ下の日本が繁栄して国民が豊かになるためには、どうすればよいのか？　その答えは本書の中にある。要は、21世紀にふさわしい新しい国家統治の仕掛けと繁栄の方程式を実行に移すことだ。また、やればできるし、日本は良くなる、明るくなる、というイメージを持つことだ。それによって国民の警戒心や凍てついた心理がほぐれてくる。そこに新たな〝成長の芽〟がある。

貧しい政治と無能無策の政府を見ていると、そんなことは不可能ではないか、と思うかもしれないが、道州制への移行は、すでにアジェンダに乗ってきている。あとは道州ごとの戦略立案などの肉付けを競い合っていくことで、ガラリと雰囲気が変わってくる。政治を変えていくのも国民の重要な役割である。

「すべては集団心理だ」という私の分析や提言から、読者の皆さんが低成長時代の中で「今日より明日を良くする」ための起爆剤となってくださることを祈念しつつ――。

２０１２年９月　大前研一

目次

第2章 （目前にある鉱脈）

拡大する「単身世帯」需要を狙え……73

第3章 （外なる鉱脈）

エピローグ（発想の転換）

編集協力／中村嘉孝　カバーデザイン／小林弘幸（ライターハウス）　図表協力／BBT総合研究所　校閲／西村亮一

プロローグ

経済学は、もう未来を語れない

「景気循環説」にしがみつく人々

「景気は来年後半に上向く」——年末恒例の経済予測で、多くのエコノミストがそういい続けて、10年以上になる。それに対し、私は一貫して「この先もずっと景気はよくならない」と主張してきた。なぜなら、少子高齢化が加速する日本は、労働力人口が毎年40万人ずつ減少しており、国内市場の縮小と企業の海外移転によって、経済規模も雇用も税収も減る一方だからである。にもかかわらず、経営者もエコノミストも政治家もマスコミも、

「コストカットで耐え忍べば、そのうち業績は持ち直す」

「営業努力しだいでは、もっともっと売れるはずだ」

「財政出動で内需を刺激すれば、景気は回復する」

といった幻想を抱いている。まだ経済成長するだろう、まだ税収は伸びるだろう、まだ昇進・昇給するだろうと骨の髄まで信じて、右肩上がりの経済成長期の世界に生きている。結局、多くの人々が、口では「少子高齢化」とか「低成長時代」とか「デフレ経済」といって危機感を共有しているように見えて、実のところ、今のパラダイ

ムシフトを本当には理解していないと思う。

かつては「景気循環説」というものがあった。今は景気が悪くても、いつか必ず反転し、景気がよくなるとする考え方だ。景気が必ず循環するものならば、今のようにモノが売れない時期が長く続いた場合、原材料となるモノの値段も下がり、金利も下がるから、この時期に部品の在庫を増やしたり、積極的に設備投資をしたりして、来るべき好景気の波にいち早く乗るための準備をしておけばよかった。私自身、経営コンサルタントとして、少なくとも１９８０年代まではそうした景気循環説を踏まえて需要と価格の関係を分析したプライシング戦略や在庫戦略を経営者たちに指導し、成功に導いてきた。しかし、90年以降はその手の景気循環説や右肩上がりの経済を前提とした設備投資などはできなくなっている。

政府がいくらゼロ金利政策を続け、マネーサプライ（民間部門が保有する通貨残高）を増やして市場にお金を流そうが、金融機関がどれだけ言葉を尽くして「今なら金利が安いですよ」「融資しますから在庫を増やして設備投資もやってください」「償却もこちらで多少面倒見ますから」などといおうが、耳を傾ける経営者はほとんどいない。少なくとも日本や欧米などの成熟社会における企業や個人は、そんな金融機関の甘言に、全くといっていいほど反応しなくなってしまった。それらは従来なかった現象であり、半世紀近く経済の動向に目を凝らし続けてきた私から見ても奇異としかいえない状況である。今や日本は〝老成社会〟とでも呼ぶべき段階に入ってしまっているのだ。

では、もはやこの国は〝座して死を待つ〟しかないのか?

そう問われれば、それもまた違うといわざるをえない。実体経済というのは、机上の経済学では計り知れない要素を内包しているからだ。

ミクロがマクロを支配する世界

日本経済は今、デフレの真っただ中にある。この現実に対して、マクロ経済学から出発した経済政策には、金利の上下とマネーサプライの増減しか打ち手がない。無論、細々とした政策手法はあったものの、結局はこの二つの調整で何とかしようとしてきたのがこの100年間だった。

しかし、需要が不足している中で、対症療法的にデフレを処理しようとすると、どうしてもオーバーキル(行き過ぎ)になってしまい、結局は金利をゼロにするか、お金をジャブジャブにせざるをえなくなる。それで効果はどうなのかといえば、かろうじて人々の間に安堵感が広がるとか、パニックを抑えられるといった程度のことでしかない。がん患者に喩えれば、がんの進行は抑えたが、依然としてがんであることには変わりがなく、体はますます痩せ細っていくという状況なのである。

なぜ今、こうした状況が現出しているのか?

その背景にはいくつかの大きな潮流がある。まず一つ目は、「ボーダレス経済」の深化が挙げられる。昔のケインズ経済学が前提としていた閉鎖的な経済とは異なり、ボーダレス経済においては、ある国の経済政策が別の国に波及して、全く逆の効果を及ぼすことがある。たとえば、かつてクリントン政権時代のアメリカで、過熱する一方の国内経済においてインフレを抑えるべく金利を引き上げたところ、世界中から高金利を求めてカネが集まってきてしまって、さらに火に油を注ぐ格好になったのが好例である。

そのボーダレス経済と表裏一体の関係にあるのが「サイバー経済」だ。2008年にアメリカで起きたリーマン・ショックによる金融危機が一瞬にして世界に伝播したように、今は瞬時にお金を電子的に抜いたり移したりできる。だから、たとえばアイスランドの銀行の高金利に惹かれてお金を預けていたドイツやイギリスの一般の投資家までもが、リーマン・ショックを受けて一気にお金を引き揚げたために、アイスランドは国家破綻の瀬戸際まで追い込まれたりするわけだ。

こうした「ボーダレス経済」や「サイバー経済」が深化する中、金融危機後のアメリカで何が起きたか？　1995年から2005年までの10年間にGDP（国内総生産）成長率の8割以上を担っていたともいわれるベビーブーマー世代が一気に消費を手控えたのだ。彼らは戦後アメリカの消費文化の象徴だった。大きな家を2～3軒所有し、南部にも老後を過ごすための別荘を買い求め、車を3台持って、ブランドにもこだわっていた。彼らの旺盛な消費欲を支えていたのは、確定拠出型年金の「401k」や株などの資産だった。ところが、リーマン・ショックで、いきなり積み上がっていたはずの運用益が吹き飛び、引退後の生活に十分な貯えがないということになった。それで、リタイアせずに働き続けようという人が急増し、実際に彼らが引退しないので、さらに失業率が上がってしまったのである。

それだけではない。年金不足で貯蓄をする人が増えたため、アメリカの貯蓄率は1%前後から5%にまで急増している。金額に直せば、実に40兆円ものお金が市場から消え、貯蓄に回されたことになる。リーマン・ショックで「やばい」と感じた人々が「撃ち方やめ！」とばかりに消費を控え、家を1軒売り、車を1台売って、浮いたお金を貯蓄に回したわけである。

こうした人々の行動は、従来のマクロ経済学では説明がつかない。すべてはマクロではなくミクロな、個人個人の心理――民の見えざる手――が及ぼした結果なのだ。今や先進国では、ミクロがマクロを支配するといってよい。この「心理経済学」を知らないことには、今後の経済動向を掴むことはできないのだ。

バーナンキを信じてはいけない

「世界経済は景気後退から脱し始めている」

「2010年からアメリカの景気回復が始まる」

「アメリカ経済には雇用なき回復もありえる」

FRB（米連邦準備制度理事会）のベン・バーナンキ議長は、金融危機後もたびたび楽観的な見通しを発表してきた。しかし、このバーナンキ議長こそ、リーマン・ショックの直前まで「アメリカ経済は堅調で何も問題はない」といっていた人物であり、アメリカ経済を誤った方向に導いた経済失政〝三銃士〟の1人なのだ（拙著『さらばアメリカ』を参照）。

もともとバーナンキ議長は、デフレ問題を専門に研究してきたマクロ経済学者だとされている。今まさに先進国の経済はデフレ傾向にあるから、アメリカが彼のような専門家に頼るのは正しいと思うかもしれない。だが、ここまで説明してきた通り、経済指標を信奉するマクロ経済学者には、いま起きている問題は絶対に解決できないのだ。私にいわせれば、バーナンキ議長に頼ろうと思っていること自体が間違っている。ミクロの視点から見れば、現在の消費低迷や雇用不安が生半可なことでは払拭されないだろうと、容易に予想できるはずだからだ。

史上最悪の1兆5560億ドル（約140兆円）もの財政赤字を生んだオバマ政権の経済政策「オバマノミクス」は、そうした世代やセグメント（顧客層）ごとの経済行動を一切考慮しておらず、1930年代のルーズベルト時代と同じく公共事業主体になっている。ここで思い出されるのが、バブル崩壊後の日本でたびたび繰り返されてきた「緊急経済対策」だ。ざっと300兆円にも上る景気対策費用は、あらかた「緊急」とは思えない公共事業に使われたが、ついぞ景気は上向かなかった。給料が上がらないどころか、会社の倒産や失業が現実となる中で、多くの世帯ができる限り財布の紐を締めようとしている結果が、深刻な消費不況と物価下落だ。〝民の見えざる手〟が引き締めへと一斉に動いたのである。それに対して、沖縄で橋を架けたり、北海道の道路を整備したりといった公共事業が効果があるわけがない。それと同じ轍を、アメリカもまた踏もうとしている。

1人の人間が経済をひっくり返す

従来の経済学は、著書『国富論』の中で自由主義経済における市場の働きを「神の見えざる手（invisible hand）」と呼んだイギリスの経済学者アダム・スミスに始まり、数十年に一度のサイクルで画期的な理論が登場してきた。それらの学説は、その時代その時代の経済の実相を描き出し、近未来までも予測した。とりわけ、金利の上下とマネーサプライによって景気を好転させようとするジョン・メイナード・ケインズの経済学は、20世紀の経済政策の基軸とされた。そんなケインズ経済学がまだ〝生きていた〟時代には、企業も個人も金利や経済指標の動きによって設備投資を増やすなどして、先の景気循環説に沿うように反応していた。

しかし、20世紀も後半になると、経済学の分野では数学的なモデルで説明できないものは学問ではないとばかりに、いわば現象を数字で説明する計量経済学が盛んになっていく。実際、ノーベル経済学賞の受賞者の中には、この手の数式モデルを提示した学者が多い。しかし、それらの経済学が、本当に未来を予測してきたのか？　私は、2008年秋からの世界金融危機を正確に予測した経済学者を寡聞にして知らないし、リーマン・ショックから立ち直るための術を教えてくれた経済学者の高説も聞いたことがない。

なぜマクロ経済学者は未来を予測できないのか?

答えは簡単だ。それらの経済学は、結局は限られた条件下での閉鎖的な理論にすぎないからである。現実に起こっている経済現象は、彼らの経済理論や数式モデルとは関係なく動いている。たった1人の人間が、国の経済をがらりと変えることもあるのだ。

投資家のジョージ・ソロスは1992年のイギリス・ポンド危機で莫大な額のポンドを空売りしてイングランド銀行をひっくり返したが、その現実の前には経済学者の理屈など机上の空論にすぎなかった。97年のアジア通貨危機もまた、高尚な理論に関係なく、一部のファンドがタイ・バーツを売り浴びせたことから端を発している。マクロ経済学を超えたところで一握りの個人やファンドが行動を起こし、人々を巻き込んで経済をひっくり返し、世の中を引っ張っていく——それが今の〝経済ジャングル〟のルールなのだ。

こうした「個人の力」が強くなった理由は二つある。一つは、政策を実施している人間の多くは、行き過ぎているとか、おかしいとか思っていても、それをいいだせないし、いいだしても対策が出てこなければ非難の的になる。非難されてはかなわないと、現状に歯止めをかけようと思わなくなる。たとえば、FRBのアラン・グリーンスパン前議長は、在任中に「根拠なき熱狂」という表現で行き過ぎたバブルを鎮めようとしたが、むしろ市場やマスコミの総攻撃を受けて黙ってしまった。

もう一つの理由は、人々が〝悪いニュース〟を聞きたがらないことだ。データを示して、実態は非常に厳しいから緊縮財政にしなければ危ないと叫んでも、太平を謳歌している人々の多くは聞く耳を持たない。次の選挙を気にする政治家は、聞こえないふりをするか、バラまき政策を連発して票集めに精を出す。だからこそ、こうした状況を冷徹に見透かしたサヤ取り業者などが「空売り」から入ってくると、市場はパニック状態となり、アッという間に危機が広がるのである。

数人で市場を混乱させることができるのは、「マルチプル（倍率）」と呼ばれる新しい経済の道具が使えるようになったからだ。ユーロが売り浴びせられた局面などでは、自己資金の30倍ものマルチプルで空売りしてくるヘッジファンドがあった。このような攻撃に曝（さら）されると、大きな経済であっても一気に変調してしまう。中央銀行が買い支えようとしても、相手はマルチプルという〝飛び道具〟を使っているので、効き目は薄い。今や経済はマクロ政策が効かないだけではなく、政府そのものが無力になっていることを知るべきなのだ。

イギリスの空の色を変えたサッチャー

実は、1人の人間が多数の人々を巻き込んで、空気を一変させていくという事例は、政治の世界にはよく見られることだ。どん底をさまよっていたロシアを蘇らせたウラジーミル・プーチン大統領や、アメリカを一夜にして変貌させたバラク・オバマ大統領は、その典型だろう。

そして現在、我々が学ぶべき成功例の一つは、イギリスの「鉄の女」マーガレット・サッチャー元首相が指し示した実践的な経済学だ。サッチャーが登場するまでのイギリスは、(今の日本と似て)暗く将来展望のない〝灰色の国〟だった。暗雲に覆われた自国の内実を見て、若く優秀な人材の多くはアメリカなど海外に新天地を求めるしかないと考え、人材流出が続いていた。そこで、サッチャーは「小さな政府」を標榜し、電話・ガス・航空・水道などの国営企業を相次いで民営化。新・自由主義の下で、起業を促進するとともに、外国の資本も積極的に導入した。

とりわけ1986年からは「金融ビッグバン」と呼ばれる大規模な規制緩和を推進した。その結果、たとえばイギリスの老舗行モルガン・グレンフェルがドイツ銀行に買収され、「あの老舗ですら外資の軍門に下るのか」と悲観論が噴出した。

しかし、サッチャーはひるまなかった。外資に参入する自由を与えたからといって、彼らはこの国の土地までは持って行けない、と切り返したのだ。テニスのウィンブルドン（全英選手権）にしても、イギリスの選手は優勝から長らく遠ざかっているが、外国人選手が優勝したからといってウィンブルドンの価値はいささかも減じられないどころか、むしろ大会のレベルは確実に上がっている。それと同様に、外資を導入することで金融機関も競争力を上げることができる、というわけだ。実際、フタを開けてみたら、若手の優秀な人材がモルガン・グレンフェルに殺到した。ドイツ銀行という世界でも指折りの超優良銀行が後ろ盾になっているというので、いきなり人気が高まったのである。その後、ロンドンのシティが世界の金融センターになったことは記憶に新しいところだ。

さらに、赤字続きの炭鉱は閉鎖せよ、鉄鋼会社のストライキなどに付き合っているヒマはない、〝会社が潰（つぶ）れる自由〟だってあるのだ――と、サッチャーはいった。その瞬間、一気にパラダイムシフトが起きて、イギリスの国内企業がことごとくシェイプアップした。これがサッチャー流のパラダイムシフト術だ。その結果、暗雲に覆われていたイギリスの空は、見事な青空になった。1人のリーダーの政策が、国民を「その気」にさせて、空の色まで変えてしまった好例である。もちろん、行き過ぎた面もあって、その後の地価バブルやポンド上昇など、ゴードン・ブラウン前首相時代にはサッチャーの時代とは逆の〝ツケ〟を支払わされることになった。しかし、その始末ができなかったことは、25年前のサッチャーの責任ではない。今の日本に必要なのは、サッチャーのように100年は下降し続けると思われていた暗いムードを払拭するビジョンと実行力を持った1人の政治家の出現なのである。

半端なエクスキューズは認めない

具体的に解説しよう。サッチャーのやり方の要諦は、簡単にいえば、But（しかし）、However（けれども）、On the other hand（一方で）……といった半端な条件、エクスキューズを認めなかったという点にある。「魅力のない企業は潰れるしかない」というと、必ず「そういわずに、うちだけは救ってください」「わが社は特別。例外を認めてほしい」「お前は失業者が溢れてもいいというのか」という声が出てくる。そんな声にもサッチャーは聞く耳を持たず、「潰れる以外に買い手がないんだったら、あなたの企業には魅力がないのだ」「潰れるような事業をまだ続けているんだから仕方がないでしょう」と切り捨てたのだ。

だが面白いことに、外資の傘下に入ったイギリス企業の中でも、外国人経営者が無理な経営を押しつけた企業はことごとく失敗している。最後は、イギリス人の社員たちが中心になって立て直した企業しか生き残らないものなのだ。

弱い者は救わない。むしろ〝潰れる自由〟を与える。強い者は生き残るし、時には最も力のある資本家が買収する、そのお金を手にするのはイギリスの投資家である——この単純明快な資本主義の論理を押し通し、ロンドン市場を大いに自由化した結果、ロンドンで上場するヨーロッパ企業が大幅に増えていったのだ。

歴史に「ｉｆ」はないが、もしサッチャーが登場せず、イギリスがあのまま古きよき会社と経済を守ることにのみ汲々（きゅうきゅう）としていたら、今頃は「超」がつくような三流国になり下がっていただろう。

かつてのイギリスと現在の日本とのアナロジー（類推）は一考に値する。１世紀前のイギリス（大英帝国）は、世界一の地位をアメリカに奪われ、その後塵（こうじん）を拝しつつあった。大英帝国は１９００年にＧＤＰでアメリカに抜かれた。それが悔しくてたまらないイギリス人たちは、アメリカに対する妬み、嫉み、恨みを募らせて「あんな野蛮な国は絶対にどこかでひっくり返る」といっていた。しかし、その１００年後、アメリカのＧＤＰはなんとイギリスの10倍になっていたのである。

今の日本もまた、海を挟んだ中国にＧＤＰでも外貨準備高でも一気に追いつかれてしまった。大英帝国がアメリカに大きく引き離されたように、今後、日本も中国にどんどん水を開けられる——それも１００年どころか、もっと短期間のうちにそうなることだろう。だからこそ、凋落の一途をたどっていたイギリスが、サッチャーという政治家の登場によって、一転して攻勢に向かったように、今こそ日本にも国民を「その気」にさせる政策やビジネスが求められているのだ。

最近の内閣府の発表では、２０３０年には中国のＧＤＰが日本の4倍になっているという。国民は、そんな他人事みたいなことをいっている政府の尻を叩いて、自国の経済を爆発的に伸ばす施策を要求しなければならない。

「税金を使わない」のが前提条件

鳴り物入りで登場した民主党政権は、37・4兆円ほどの税収しかないのに44・3兆円を超える新規国債を発行し、2010年度予算の一般会計総額は92・3兆円にまで膨らんだ。〝巨大政府主義〟ともいうべきこの政党は、今また、消費税増税に向けた地ならしに躍起になっている。税収が伸び悩む中で、巨大政府を維持しようと思えば、増税以外に選択肢はないと考えるのは当然の帰結だろう。しかし、私にいわせれば、前提条件そのものが間違っているのだ。

前述したように、バブル崩壊後の日本において「緊急景気対策」なるものが、投じた税金の金額以上の効果を上げた試しはない。そのうえ、国の人口が減り続ける以上、今後も税収はどうしても減っていく。そうであれば、次に考えるべきことは「税金を1円も使うことなく、いかに経済を活性化するか」である。そして、こうした状況下では、政府が金利の上げ下げやマネーサプライの調節、あるいは公共事業などによって直接的に経済のパイを大きくするよりも、国民が持っているお金をいかに引き出すか――「その気」にさせるか――ということのほうが明らかに経済効果は大きいのだ。そのための方策を考えるのが、私が一貫して主張している「心理経済学」である。

今、日本を含む多くの先進国では、国民がそれなりの資産を持っている。リーマン・ショック以後、その価値は目減りしているとはいえ、多数の国民がお金を持っているという状況に変わりはない。そのうえ、世の中の消費心理が緩んでくると、消費者は必ず自分たちの欲しいものを買おうという気になる。その実例は、次章以降で具体的に紹介していくが、今の日本では、政府が無意味な規制をかけたり、見通しがきついと発表したりして、そうした動きの邪魔をしているのが現実だ。

最も有効な経済政策とは、金利でもマネーサプライでもなく、世の中に数多あるお金――国内の個人金融資産1400兆円と世界の富裕層の資産8000兆円（うち約4000兆円が国境をまたいで投資されていると推計される）――が日本国内で活躍するような政策であり、そうした巨大マネーを日本に引き込むための「無から有を生む」仕掛けである。つまり、これからの経済政策は、従来のマクロ経済学者が数式モデルで説明できる領域ではないのだ。官僚が主導する数々の規制を撤廃し、消費者が生活を最大限にエンジョイできるような環境を整えると同時に、今後の日本人が享受すべきグッドライフの全体図を描いてみせる――そうすれば、凍てついた「心理」は溶け始め、死蔵されていた金融資産が市場に流れ出していく。

こういうと、経済学者たちはおそらくしたり顔で「それを数式モデルで表わせるのか？」と聞いてくるだろう。バカげた質問だ。「心理」である以上、数式などに還元できるはずがない。個人にしろ、世帯にしろ、ある程度のお金――言い換えれば「打ち手」をいくつか持っている。それを郵貯や銀行預金に向かわせるのか、消費に向かわせるのかということは、従来の経済学では解読できない問題なのだ。

「官の見える手」の後に「民の見えざる手」

かつてアダム・スミスが「神の見えざる手」と形容した市場経済の実相を、彼以降の経済学者たちは数々の経済指標をもとに分析してきた。それらがいわゆるマクロ経済学であり、歴史的に見れば、ケインズ経済学や、ロナルド・レーガン大統領が採用したサプライサイド経済学と呼ばれている（亜流の）経済学などがある。さらに政府・官僚たちは、計画経済によって、いわば「官の見える手」を振るうことで市場を統制しようとした。その最たるものが社会主義経済だが、これは20世紀の１００年で失敗するに至っている。

そして今、先進国、とくに貯蓄過剰で金融資産が余っている国では、ますます「官の見える手」が機能しなくなっている。あるいは、機能したとしても、ごく一部にとどまってしまう。そのため、いわば重症の麻薬中毒患者が、微量のドラッグでは満足できず、身体が壊れるほど多量のドラッグを欲するような事態まで起きている。その典型が、史上最悪の財政赤字を垂れ流しているオバマノミクスであり、過去最大の赤字国債に頼る民主党政権である。

だが、もはや「官の見える手」では効果がない。ならば、どうすれば「民」は動くのか？

私は、数年前から、今の20代・30代の若者世代を「物欲・出世欲喪失世代」と名付け、彼らの消費行動が新しい潮流になる可能性を指摘していた。後に「草食系男子」と呼ばれる世代とも重なっている彼らは、不必要な消費を避け、最小限の生活を送ることをよしとしているように見える。彼らの登場が、ますますモノの売れない時代＝デフレスパイラルを加速している。

しかし、そういうモノが売れない時代にあっても、消費者を「その気」にさせる試みが成功しているケースはいくらでもあるし、経済を活性化させるための〝埋蔵金〟――といっても世にいう霞が関の埋蔵金とは全く違う財源――がこの国にはある。それらを、私はあえてアダム・スミスが使ったタームに倣（なら）って、「民の見えざる手」と呼びたい。

無限のクラウド・ソーシング——「民」は「神」に通じる

これまでの経済学は、人々の「心理」という要素を軽視してきた。しかし21世紀の、とりわけ先進国の経済は、心理的な要素を抜きには語れなくなっている。それを正面から認め、デフレ不況下の日本においてどのようなビジネスや政策が有効なのかを具体的に探ることが、本書の目的である。

もともと民主党は、都市のサラリーマン層の支持を集めて選挙に勝ったはずなのに、政権を取った途端に〝巨大政府主義〟政党となり、票集めのためのバラまき政策を始めている。また、企業側も消費者の心理やライフスタイル、購買行動に対する分析や勉強が足りないまま値下げ競争に明け暮れ、自分たちの業界全体の地盤沈下を招いている。つまり、政治家も、企業の経営者も、消費者＝「民」の姿を最後まで見ようとしていないという点で共通しているのだ。

アダム・スミス以来、我々は「神の見えざる手」という便利な表現を使って市場や経済の動きを説明してきた。だが、もちろん、そこに「神」はいない。存在しているのは、無数の意思決定者である「民」だ。

この状況を、たとえばドイツを例に挙げて説明してみよう。

ある日本企業がドイツに新工場を建設しようと考えた。ところが、北部のハンブルク周辺は工業化が進み、労働力需給が逼迫して、平均賃金も高くなってしまった。そこで、ドイツ国内で他の候補地を探したところ、南部のバイエルン州がよさそうだという話になった。そのため、バイエルン工場を新設したが、同時期に他国の企業も同様にバイエルンに進出。結果的に賃金水準は上がってしまったものの、労働者の流入によって需要が喚起され、地域販売も伸びた――。これらの経済活動は〝神の手〟ではなく、人間の意思決定の積み重ねであり、各社あるいは各人が経済性を考慮して、利害や損得を検討した末に導き出した結論が反映されたものである。それが、あたかも神様が導いてくれたようにバランスよく見えるわけだ。

つまり「神の見えざる手」とは、実際には無限のクラウド・ソーシング（外部の不特定多数の〝群衆〟に業務を委託すること）の集大成であり、個々の細かい意思決定が積み上がった「個々人の合理的な判断の合成」だ（その対極にあるのが「官の見える手」で、税金を使って産業を興したり、公共工事で見かけの経済成長率を上げようとするものである）。

ただし、いくら「合理的な判断」といっても、個々の「民」に「神」の視座は与えられていない。それらは決して数式モデルだけでは説明できないし、どこまで行っても最後は感覚的な部分が残ってしまう。だから、いつでも100％正しい判断はないし、それを100％予測することもできない。不断の情報収集を続け、感覚を研ぎ澄ませながら分析を加えることで、「民の見えざる手」を見極めるしかないだろう。

本書は、2007年に上梓した拙著『大前流 心理経済学』の応用編として、今の経済を動かしている「民の見えざる手」の正体とは何なのか、そしてこれからの世界がどこへ向かおうとしているのかを私なりに分析したものである。生産者であると同時に消費者でもある数多のビジネスパーソンにとって、本書の所見が参考になれば幸いである。

■アダム・スミスの「神の見えざる手」

市場経済において各個人が自己の利益を追求すれば、結果として社会全体の利益が達成されるとする考え方。スミスは、個人が利益を追求することは一見、社会に対しては何の利益ももたらさないように見えるが、価格メカニズムが働き、最適な資源配分がなされる――すなわち需要と供給のバランスは神の「見えざる手」によって自然に調節される、と考えた。

第1章（現状認識）

〝縮み志向〟ニッポンと「心理経済学」

「有望な日本人経営者」はどこにいる？

私はビジネスや講演で年に何度も中国、韓国、台湾を訪れているが、日本に帰ってくるたびに、急に気持ちが落ち込んでしまう。拡大志向に溢れた3か国とは正反対の〝縮み志向〟の暗い話ばかり聞かされるからだ。

今や日本は経営者にも、壮大なスケールの将来ビジョンを語る拡大志向の人が、ほとんどいなくなってしまった。

20～30年前は、松下幸之助さん（松下電器＝現パナソニック）、本田宗一郎さん（本田技研工業）、川上源一さん（ヤマハ）ら、無手勝流で世界に打って出るアグレッシブな経営者がたくさんいた。しかし、今、そういう人はなかなか見当たらない。少し前までは京セラ名誉会長の稲盛和夫さんや日本電産社長の永守重信さんが意気軒昂に企業の世界化を進めていたが、最近はおとなしくなった。最もグローバル展開に積極的だと思われるスズキ会長兼社長の鈴木修さんも、フォルクスワーゲンの資本を受け入れてから、かなり控え目な発言をするようになってきている。

主要な経済団体の役員の顔ぶれを見ても、やはりどんどん寂しくなっている。

２０１０年5月まで日本経団連会長を務めていた御手洗冨士夫キヤノン会長兼社長や経済同友会前代表幹事の桜井正光リコー会長も、経営者としては立派な業績を残しているが、経済・外交政策を提言する日本の財界代表としては重量感に乏しい。現在の米倉弘昌日本経団連会長（住友化学会長）も、国際的な知名度が高く人脈も広いとされているが、それはサウジアラビアなど極めて限られた国を中心とした話だろう。さらにいえば、住友化学は優良企業ではあるけれど、そもそも化学業界は日本が世界で最も弱い産業分野の一つであり、この会長人事ひとつとっても、日本の経営者の人材不足を象徴していると思う。

しかも、その下の世代にも、将来有望な経営者は全くといっていいほど見当たらない。

20年前からアグレッシブなソフトバンクの孫正義社長が相変わらず気を吐いているぐらいで、ファーストリテイリングの柳井正会長兼社長は素晴らしい事業展開をしているが、すでに還暦を過ぎている。楽天の三木谷浩史会長兼社長の場合はサイバー事業で注目されるものの、その範疇（はんちゅう）で世界を見れば、グーグルやフェイスブック、ツイッターのような独創的企業が目白押しであり、もうひとひねりしないと〝日本を代表する経営者〟には届かない。

「世界トップ100」に日本人は4人

米誌『ハーバード・ビジネス・レビュー』（2010年1－2月号）が発表した「在任中に実績を上げた実行力のあるCEO（最高経営責任者）トップ100」を見ても、日本の経営者が〝小粒〟になったことを改めて痛感する。

このランキングは、1995年から2007年までに就任し、在任期間が4年以上に及ぶグローバル企業のCEO1999人を対象に、配当や時価総額などを指標として在任中の業績を評価した〝経営者の成績表〟である。ベスト10とアジアの経営者の順位（ベスト50以内）は別表の通りだが、日本勢は、コマツの坂根正弘会長（17位）、NTTデータの神林留雄元社長（28位）、キヤノンの御手洗会長兼社長（38位）、丸紅の勝俣宣夫会長（84位）の4人しかランクインしていない。これらの名前を見ても、ピンと来ない人も多いのではないだろうか。

ベスト10を見ても明らかなように、優れた経営者を輩出しているのは、やはりアメリカである。また、20年ぐらい前までのアメリカの優れた経営者は、GE前会長のジャック・ウェルチやIBM前会長のルイス・ガースナーのように伝統的な巨大会社に登場したが、今はジョブズやチェンバース、ホイットマンをはじめ、グーグル共同創業者のセルゲイ・ブリン、フェイスブックの創業者マーク・ザッカーバーグらシリコンバレー系、IT系が中心になった。しかもブリンは30代、ザッカーバーグは20代という若さである。業界も年齢も「代替わり」していない日本とは雲泥の差がある。

●米誌『ハーバード・ビジネス・レビュー』が選んだ

「在任中に実績を上げた実行力のあるCEO」ベスト10

1	スティーブ・ジョブズ（米・アップル）
2	尹鍾龍（韓国・サムスン電子）
3	アレクセイ・ミレル（ロシア・ガスプロム）
4	ジョン・チェンバース（米・シスコシステムズ）
5	ムケシュ・アンバニ（インド・リライアンス）
6	ジョン・マーティン（米・ギリアド・サイエンシズ）
7	ジェフリー・ベゾス（米・アマゾン・ドット・コム）
8	マーガレット・ホイットマン（米・イーベイ）
9	エリック・シュミット（米・グーグル）
10	ヒュー・グラント（米・モンサント）

（以下、ベスト50以内に入ったアジアの経営者を抜粋）

17	坂根正弘（日本・コマツ）
	⋮
28	神林留雄（日本・NTTデータ）
29	鄭夢九（韓国・現代自動車）
	⋮
38	御手洗冨士夫（日本・キヤノン）
	⋮
41	王建宙（中国・中国移動〈チャイナ・モバイル〉）
42	傅成玉（中国・中国海洋石油〈CNOOC〉）

世界トップクラスの台湾企業経営者たち

世界一競争が激しいアメリカで勝ち抜いた経営者にかなわないのは仕方がないとしても、問題は、今や日本企業が経営力で台湾勢、韓国勢、中国勢に負け始めていることだ。

実際、このアジア3か国の経営者は、みんな実にアグレッシブだ。

なかでも世界最大のEMS（電子機器受託生産）企業の鴻海(ホンハイ)精密工業（フォックスコン）、パソコンのエイサー（Ａｃｅｒ）やアスース（ＡＳＵＳ）、携帯電話のＨＴＣ、食品の統一や頂新といった台湾勢の強さは世界でもトップクラスである。

たとえば、鴻海精密工業は、中国で約60万人も雇用し、アップルのｉＰｏｄやｉＰｈｏｎｅ、任天堂のＷｉｉやニンテンドーＤＳ、ソニー・コンピュータエンタテインメントのＰＳＰやＰＳ３、マイクロソフトのＸｂｏｘ３６０、モトローラやノキアの携帯電話、デルやＨＰ（ヒューレット・パッカード）のパソコンなどを幅広く作っている。今や誰も抵抗できないほどの高い技術力を持ち、ＯＥＭ（相手先ブランド製造）だけでなく、ＯＤＭ（相手先ブランドで設計から製造まで手がけること）も請け負っている。

また、パソコンメーカーのエイサーは1980年代には何度か経営危機に見舞われていたにもかかわらず、アッという間に復活してアメリカのゲートウェイを買収し、全世界パソコン出荷台数で五指に入るまでになっている。

台湾の経営者たちは、日本と中国の間で頼れるものは自分の力だけとあって、みんな必死に経営や英語、日本語などの外国語を勉強しているのだ。それで、気がついたら母国語が通じる中国が世界の生産基地にとどまらず巨大市場にまで成長した。今や台湾人は中国が敵国だという意識が完全になくなった。それどころか、中国が最も仲のよい〝ホーム〟になったといっても過言ではない。韓国はこれに危機感を持ち、「チャイワンの脅威」としてマスコミが連日、中国と融和する台湾のインパクトを報じている。日本ではこの種の報道は皆無に近い。

加えて対中融和路線の馬英九政権は、中国との間で自由貿易協定（ＦＴＡ）に当たる「経済協力枠組み協定（ＥＣＦＡ）」を締結している。今では大陸との間で三通（通信、通航、通商の直接交流）も実現し、直行便が週に数百便にもなっている。今後は中台経済の一体化が加速し、台湾勢がいっそう強くなることは間違いない。

サムスン電子の売上目標は「36兆円」

韓国勢では、前述のランキングで堂々2位に挙げられているサムスン電子の尹鍾龍氏のほか、現代自動車の鄭夢九会長が29位に名を連ねている。鄭会長の強力なリーダーシップには定評があり、米誌『フォーチュン』（2010年1月18日号）は鄭氏が率いる現代自動車を「世界で一番強い自動車会社」と評しているほどだ。ランキングのトップ100には入っていないが、LGエレクトロニクスの南鏞前会長も非常に優れた経営者である。

勢いのある韓国企業の中でもサムスン電子は、半導体、液晶パネル、薄型テレビ、携帯電話の主力4部門の利益が高水準を維持し、年間売上高は10兆円を優に超える。創立40周年を迎えた2010年には長期戦略「ビジョン2020」も発表している。これは、2020年に年間売上高4000億ドル（約32兆円）、ブランド価値で世界5位、「尊敬される企業」で同10位以内、環境に配慮した企業でトップ10を目指し、世界のIT業界で圧倒的な首位に立ってグローバル10大企業に飛躍する、という構想だ。つまり、年間売上高を10年で3倍近くに増やすという壮大な計画である。

また、LGは「白物家電で世界一になる」という目標を掲げている。現在は中国のハイアールグループ（海爾集団）に次いで世界2位だが、1位になるのは時間の問題だ。白物家電で世界一というのは、高品質を誇る日本企業が夢見て、ついに成しえなかったことである。それをLGが達成しようとしているのだ。今、日本の家電メーカーでこのような大きな目標を掲げているところはなく、ほとんどが「縮み志向」でコスト削減を第1目標に掲げている。

これまで日本に追いつけ追い越せでやってきた韓国は、ここに来てまるで違う国になった。1997年のIMF（国際通貨基金）危機で屈辱を味わい、二度と同じ轍を踏まないために、翌98年に誕生した金大中政権が人材のグローバル化とIT化を進めると同時に、エリートと俗人を峻別し始めたからである。つまり、大学や企業が世界に通用する人材の育成を一大目標にして、韓国の将来を引っ張るリーダーとそれ以外の人たちを切り離した結果、向上心とスキルのない中高年者が淘汰され、若い人たちがシェイプアップして企業が見違えるほど強くなったのである。

人材のグローバル化に関しては、とくに英語に焦点を当て、今では一流大学の入試でTOEIC800点（990点満点）が基準になっている。さらにサムスン電子のような一流企業に入るには900点、課長になるには920点が目安とされている。日本では「世界のソニー」でさえも入社の目安が650点だから、この10年で大きな差がついてしまった。「IMF進駐軍」には二度と世話にならないという国家の危機感が、まさに「災い転じて福」となったように見える。

「拡大路線まっしぐら」の中国企業

中国勢も、前述の経営者ランキングには41位に中国移動（チャイナ・モバイル）の王建宙前会長、42位に中国海洋石油（CNOOC）の傅成玉前会長がランクインしている。

中国企業の場合は、国内市場が巨大なうえに独占体制だから時価総額が膨らむのは当然だが、王氏のように英語も技術もわかる優秀な経営者が（かつての盛田昭夫さんのように）国際会議でも頭角を現わすようになっている。その急成長ぶりは、すさまじいの一言だ。

たとえば私の友人で、中国最大手のソフトウェア会社「東軟集団」（NEUSOFT GROUP）の総裁である劉積仁さんは、2009年に大連の小高い山を切り開いて広大な第2キャンパス（ソフト工場）を建設した。山の中腹に「NEUSOFT」とハリウッドサインばりの看板を掲げる同社の企業団地は、日本企業のように貧相な建物ではない。豪勢に大理石を多用した〝白亜の殿堂〟である。

やはり広大な第1キャンパスには、２００1年に開校したＩＴ専門大学「大連東軟情報技術学院」を併設している。学生数は2万4０００人で、敷地内に2万２０００人分の寮がある。これだけの校舎と寮を、まだ学生が1人もいない段階で造ってしまうのである。

同学院の学生は校舎に隣接する工場で組み込みソフトの設計・製造などのトレーニングを受けることができるので、卒業と同時に即戦力となる。就職の心配は全くない。実に効率的な「産学協同」である。東軟集団は同様のキャンパスを成都と南海にも保有している。

劉さんが東軟集団を創業したのは１９９1年。わずか20年で、社員1万６０００人、時価総額1３００億円の大企業に成長し、外国企業の買収も積極的に開始している。連日、世界中の企業が共同事業を望んで劉さんを訪ねてくる。まさに拡大路線まっしぐらだ。

深圳の通信機器メーカー「華為技術」（ファーウェイ・テクノロジーズ）も拡大を続けている。私は10年前に同社を訪れてスケールの大きさと中国企業らしからぬ先進性に驚き、「中国発のブランドで世界化するとしたら、この会社だろう」と予測したが、案の定、今やシスコシステムズと競い合って世界を二分するほどのルーターメーカーになった。

また以前、CCTV（中国中央電視台）の番組に出演した際に会った「新希望集団」の劉永好総裁はもともと農民の出身で、1982年に四川省・成都を拠点に資本金1000元（当時約1万5000円）で起業した。今では農業のあらゆる分野に事業を拡大し、従業員6万人を抱え、個人的にも米誌『フォーブス』の資産家リストでトップクラスにランキングされている。中国の国内外でM&Aを使って大躍進している姿には、農民や共産主義のイメージはなく、まさしくグローバル経営者の風情がある。劉総裁は「尊敬する企業はトヨタ」と公言し、その研究もしっかりやっていた。

中国では東軟集団や華為技術、新希望集団のような急成長企業が群雄割拠し、世界化を目指してしのぎを削っているのだ。

これらの台湾、韓国、中国の経営者たちと比較して、最近の日本の大企業の経営者は、みんな「縮み志向」になっている。世界に打って出るという気概もなく、どこもかしこもコストダウン一辺倒だ。未だに研究開発から設計、製造、営業、マーケティング、販売までを〝一気通貫〟で垂直統合し、業績が悪化しても各部門を少しずつ削りながら、すべての機能を後生大事に持ち続けている。しかし、それでは角材にカンナをかけて薄い板にしているようなもので、すべての部門が弱くなってしまうだけである。実際のコスト削減効果としては意味がないケースがほとんどなのだ。

日本の消費者は「お金があっても使わない」

こうした企業や経営者の「縮み志向」は、裏を返せば、日本の消費者の〝成熟ぶり〟とも深く結びついている。

プロローグで触れたように、すでに日本は経済成長、税収増、需要拡大、昇進・昇給が当たり前の時代が終わり、完全に「成熟国モデル」へと移行している。にもかかわらず、多くの日本企業が未だに右肩上がりの経済を前提にした「途上国モデル」の事業計画と経営システムで事業運営をしている。だから、業績も伸びないのである。

成功の方程式は、途上国モデルと成熟国モデルでは全く異なる。

途上国では、生活の基本資材はすべて欲しい、という前提条件に立つが、成熟国モデルにおける基本戦略は、人々が潜在的に欲しいと思っているものを見抜いて提供しなければならない。ところが、日本の成熟社会は非常に特殊な市場で、それが通用しない。今の日本人はあらゆるものに対して欲望がなくなっているため、「お金があっても使わない」のである。

消費者の心理はどんどん凍てつき、倹約志向が強まっている。流行っているのは餃子の王将やマクドナルド、ユニクロ、ファッションセンターしまむら、ニトリ、ABCマートなど、低価格を売り物にしている店ばかりだ。

こうした倹約による消費の落ち込みの中でも最大の問題は、自動車や家電製品などの耐久消費財の買い控えだ。耐久消費財は、文字通り耐久性がある。そして先進国では普及率がほぼ100％で、市場規模はほとんど変化しない。となると、このご時世だから、たとえば自動車の買い替えサイクルを3年から5年に、5年から7年に、7年から9年にと、車検1回分延ばそうと考える人が増えるだろう。

もし、自動車の保有者全員が車検時の買い替えを1回延ばしたとすれば、おのずと新車販売台数は対前年比40％減になってしまう。全員一斉に買い控えたら、その年は新車が1台も売れないということも理論的にはありえる。つまり、耐久消費財は消費者の心理が凍てついたら、その年の需要がゼロになっても不思議ではないのである。

しかし、車は動いているから誰も不便はしていない。それはテレビや白物家電、家具など他の耐久消費財も同様だ。そういう行動を大多数の消費者が取り始めると、耐久消費財は簡単に対前年比20～30％減少してしまうのである。

さらに企業は、個人金融資産1400兆円の大部分を保有している高齢者層のマーケットを掘り起こそうと躍起になっているが、彼らに「本当に欲しいものは何か？」と尋ねても、「とくにない」という。

この世代の人たちは戦後の耐乏生活を経験しているため、清貧をもってよしとする傾向が強い。まだ使えるものを買い替えるのはもったいないと考えて老後も貯蓄に励む。しかも、昔、欲しいと思っていたもの（家電製品、住宅、自動車など）は、いちおう全部手に入れてしまったので、いくら値段が安くなっても購買意欲はわかない。

結果的に、経済のパイ全体がシュリンク（縮小）して、企業も消費者もデフレの中で「縮み志向」がますます広がってきているのである。そんな状況にあって、「心理経済学」はどんな解決策を持っているのか？

独メルケル首相「新車買い替え金」の先見性

ここでは、まず政府による景気対策という視点から考えてみたい。

2008年秋のリーマン・ショックとそれに続く世界的な金融危機、さらに各国で試みられた長期不況対策は、今後いかに「心理経済学」を実践していくべきかを考えた場合、格好の教科書になると思うからだ。

たとえば、「縮み志向」に先手を打つ形で、私がいうところの「心理経済学」——消費者を「その気」にさせる経済学——を最初に応用したのは、ドイツのアンゲラ・メルケル首相だった。

2009年1月、メルケル率いるドイツ政府は各国に先駆けて、新車登録から9年以上経った自動車を買い替える場合に、2500ユーロ（当時の為替レートで約33万円）の補助金を出す「スクラップ奨励金」制度を実施した。この制度は同年9月まで続けられ、実に200万台もの新車需要を引き出したといわれている。アメリカや日本などがこれに追随したことは記憶に新しい。

先に述べたように、自動車のような耐久消費財は、その耐久性ゆえに、車検もう1～2回分ぐらいは買い替えずに乗り続けることが可能だ。多少故障しがちであっても、なんとか動くのであれば、我慢して乗り続けようと思う人は少なからずいただろう。そこに来て、「今年中に買い替えてくれたら補助金2500ユーロ出しますよ。壊れかけていたってかまいません。必ず買い取ります」といわれれば、どうせ買い替えようと思っていたのだからと、古い車のオーナーはみんな「その気」にさせられて、この制度を利用しようと考えたはずだ。ドイツのディーラーの中には、ボロボロになった車を展示して、〝こんな車も2500ユーロで買い取ります〟とアピールしていたところもあったという。1000ユーロ（当時約13万円）でもなく、2000ユーロでもない。2500ユーロという金額もインセンティブ（奨励金）として考え抜かれた数字だと思う。その結果、ドイツの新車販売は単月で前年比40％増という驚異的な伸びを記録した。

こうしたドイツの試みに対して、「翌年以降の需要を先食いしているだけだ」と批判する向きもある。実際、2010年に入ってからドイツ国内の新車販売台数が前年比で大幅減少し、「スクラップ奨励金の反動」という報道もあった。

しかし、前年は奨励金を出して買い替えを募ったが、現在は奨励金を止めているのだから、前年比で大幅マイナスになるのは当たり前だ。その反動で新車販売がマイナスになったら、次の年はまた別の商品で――住宅でもよいし、冷蔵庫でもテレビでもよい――消費者を「その気」にさせればよいのである。国の経済を活性化させるというのは、そういうことなのだ。とくに経済がカチンカチンに凍っている日本のような場合には、政府が大規模な景気対策を先頭に立ってやると、国民は〝様子見〟になってしまう。それとは逆に、国民が出費したら政府が後押しするという形で、民間と政府の割合が8対2または7対3の支援策を講じれば、貯蓄が市場に流れ出す。このほうが経済浮揚効果は大きいのだ。

消費者の「その気」を削ぐ日本の補助金

このメルケル政権の政策に比べて、日本のプログラムはどうだったのか。検証してみよう。

日本でも、ドイツに遅れること3か月、当時の自民党の麻生政権が２００９年4月に追加経済対策の一環として買い替え促進策、いわゆる「エコカー補助金」制度を提案した（それとは別に「エコカー減税」も実施している）。だが、日本における買い替え促進策はその後、大きな話題に上ることがほとんどない。

ドイツが50億ユーロ（当時約６６００億円）もの予算をかけながら、希望が殺到したために開始から8か月余り（２００９年9月初旬）で予算消化のため制度を打ち切ったのに対し、日本は当初３７００億円の予算に補正予算を加え、1年間としていた申請期間も半年延長するに至っている。このことからも、両者は似て非なるものだということがわかる。

日本の補助金は、「新車登録から13年以上経過した自動車を廃車にして、かつ２０

●消費刺激策のポイント

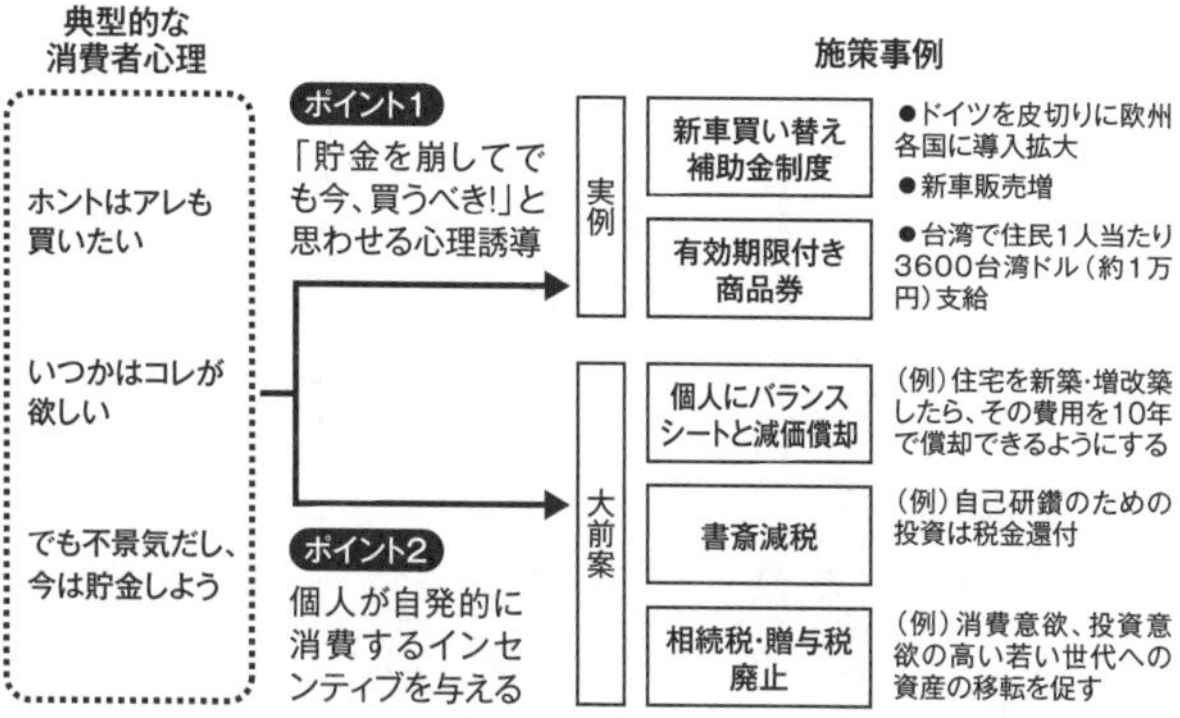
典型的な消費者心理
ホントはアレも買いたい
いつかはコレが欲しい
でも不景気だし、今は貯金しよう
ポイント1
「貯金を崩してでも今、買うべき!」と思わせる心理誘導
ポイント2
個人が自発的に消費するインセンティブを与える
施策事例
実例
新車買い替え補助金制度
有効期限付き商品券
大前案
個人にバランスシートと減価償却
書斎減税
相続税・贈与税廃止
●ドイツを皮切りに欧州各国に導入拡大
●新車販売増
●台湾で住民1人当たり3600台湾ドル(約1万円)支給
(例)住宅を新築・増改築したら、その費用を10年で償却できるようにする
(例)自己研鑽のための投資は税金還付
(例)消費意欲、投資意欲の高い若い世代への資産の移転を促す
©BBT総合研究所

10年燃費基準の新車に買い替えた場合」という条件付きだ。ドイツで「登録から9年以上経過」した対象車は全保有台数の約4割に上るのに対し、日本で「登録から13年以上経過」した対象車は全体の1割強にすぎない。また、約33万円のインセンティブが出たドイツに対して、日本は25万円で、かつ新たな燃費基準をクリアした新車を購入した場合という条件がある。登録から13年以内の車からの買い替えでも、新燃費基準に適合する車であれば10万円の補助が出るが、今の物価水準で新車に10万円という補助金額は、あまりに中途半端だろう。

いずれにしても、消費者の財布の紐を緩めるための政策に、いかにも役人らしく、二重、三重の条件を付けた時点で、消費者は完全に「その気」を削がれてしまう。

日本の政府や役人が「心理経済学」を全く理解していない実例は、数え上げたらキリがないが、やはり麻生政権が2009年3月に実施した「定額給付金」も、その典型だ。1人当たり1万2000円（18歳以下の子供と65歳以上の高齢者には2万円）の給付金が全国民に支給された。だが、この時のありがたみを記憶している国民が今どれだけいるだろうか？ 2兆円もの莫大な税金をつぎ込んだが、複雑な手続きを経て銀行口座に振り込むというそのプログラムの心理効果はゼロといってもよいのではないか。「今の消費者は、お金があっても使わない」という大前提がわかっていれば、ただ単に1万2000円を口座に入金するという発想は、絶対に出てこないはずである。

これもまた、海外に範がある。日本に先立つ2009年1月、お隣の台湾では、全国民に1人当たり3600台湾ドル（約1万円）の商品券を配布した。モノを購入する目的でしか使えず、換金や預金ができないうえ、使用期限も区切られていたが、小切手のように切り分けて使えることもあって、初日に全体の95%を超える人々が受け取ったという。予算は約2300億円で、日本の定額給付金のざっと100分の1だが、GDPの押し上げ効果が1%、単純計算すれば4000億円弱ほどあったとされている。お釣りの出ない商品券なので、無駄にしたくない人たちが自分の金を追加していくつもの物を買ったからである。まさしく消費者を「その気」にさせて、100の原資で200近い効果を上げた好例といえるだろう。

とにかく、消費者の心理をリラックスさせて、「何か買いたいな」「もう少し贅沢をしてみようかな」と思わせられれば、流れは変わるのだ。

「超高級旅館」と「牛丼」は繫がっている

実は、日本がこれほどデフレで青息吐息という状態にあっても、お金を使う人は使っている。

たとえば、箱根や伊豆、熱海などの「2人で1泊8万円以上」の〝大人の隠れ家〟的な超高級旅館は、週末はもちろん平日もカップルで満杯で、ほとんど予約が取れない状態だ。しかも、「1泊12万円」といった高い部屋ほど先に予約で埋まっていく傾向がある。

そうした超高級旅館の客層を調べてみると、大きく三つに分けられる。

第1は、リタイアした後とくに何も仕事をせず悠々自適の生活を送っている老夫婦。彼らは非常に安定した顧客で、常に一定の数がいる。第2に、富裕層に属して、自分の自由になるお金を十分持っている中高年の〝浮気〟セグメントだ。この層も景気にそれほど関係なく、もともと強い需要がある。そして残る3分の1が、奥さんや付き合っている彼女との記念日や、自分たち自身への〝ご褒美〟として休暇で利用する若いカップルである。

私が調査したところ、これらの高級旅館を訪れるお客さんがみんな平素から超セレブな生活をしているかというと、実はそうでもない。とくに第3のセグメントに属する客層の場合、普段のランチはコンビニ弁当や牛丼、ファストフードなどで済ませている人たちも多い。あるいは、100円ショップやドン・キホーテなどの激安量販店に、フェラーリやBMWで乗り付けた客が並んでいるという話もある。つまり、消費者の間に「所得差」が広がって格差社会や階層が生まれているというよりも、同じ1人の人間で、高級店と廉価な店、高級品と激安品とを臨機応変に使い分けるように変わってきているのだ。1人ひとりの消費シーンでも「中間」がなくなって、「高級」と「格安」の〝二極化〟が進んでいるといえるだろう。「十人十色」といわれるが、最近は「一人十色」の消費傾向を示すことが多い。

なぜ、そのような傾向が見られるようになっているのか？　それは、消費者の間に

「心の余裕」がないからではないだろうか。やはり「いざという時」に備えて、無駄遣いをやめよう、という発想を持つ個人が増えている。平素はできるだけ出費を抑えて、記念日などでは豪勢にお金を使う――そんな消費パターンが見えてくる。

逆にいうと、彼らに心理的な意味での余裕が戻ってくれば、消費はまだまだ活性化するはずだ。したがって、普段は「お金があっても使わない」人たちの財布の紐をどう緩めるのかが、大きな課題となる。

第2章

拡大する「単身世帯」需要を狙え

（目前にある鉱脈）

高級ブランド市場「半減」の衝撃

日本で、海外高級ブランドの売れ行きが急激に落ち込んでいる。矢野経済研究所の調査によると、2009年の海外高級ブランドの国内市場規模は前年比84・1%の8946億円で過去最大の下げ幅を記録し、1996年の1兆8971億円から半分以下になった。

たしかに、高級ブランドショップの多くは、デパートのテナントも銀座などの路面店も閑古鳥が鳴いている。軽井沢のブランドアウトレット(プリンスショッピングプラザのガーデンモール)も、高級品ばかり集めた福岡の博多リバレインも客が入っていない。

高級ブランドが凋落(ちょうらく)した原因は何か? 私は、高級ブランドを持っている会社がブームに驕(おご)って勘違いし、お客さんの目線を忘れてしまったからだと思う。

会社というものは「顧客に奉仕すること」以外の目的を持ってはいけない。これをマッキンゼー流に言い換えれば、「クライアント・インタレスト・ファースト」となるのだが、たとえば、成長しよう、大きくなろう、売上高いくら、目標何店……といった自己中心的な別の目的を優先するようになったら、事業は失敗する。

数字を追うと、最後は「価格競争」になる

そもそも高級ブランドがどのようにして構築されてきたのかという歴史を見ると、お客さんの信頼を得るために、ありとあらゆる努力をしていたことがわかる。

鞄（かばん）であれば、革の質を徹底的に吟味したり、限られた職人にしか縫製を任せなかったり、顧客にきめ細かく対応したり、といったこだわりである。そういう努力を絶え間なく続けてきたことが、価格は高くても、そのブランドなら間違いがない、という信頼感や満足感に繋（つな）がったのである。

ところが、ブランドが有名になって生産力が足りなくなったり、コスト競争力がなくなったりすると、他社に自分のブランドで作ってもらい始めるケースが多い。いわゆるＯＥＭ（相手先ブランド製造）である。つまり、確立されたブランドが初めにありきで商品の調達を考え始めるのだ。

当初はフランスやイタリアで作っていたブランドが労働コストの安いスペインに行き、スペインではコスト競争力がなくなってトルコやルーマニアに行き、最後はみん

な中国に行く、という状況になった。その結果、廉価なファストファッション（ファストフードのように安価で流行に敏感なファッション）を製造しているトルコ、ルーマニア、中国などのＯＥＭメーカーの工場が、エルメスやカルティエなど一部の例外を除き、ありとあらゆる高級ブランドの製品も作るようになった。

しかし、ＯＥＭの道に入ったら、やり方がどこも同じになるので、高級ブランドならではのユニークさは失われていく。さらに、販売チャンネルが拡大すると、それを維持するために大半のブランドは商品ジャンルを多様化し、いつの間にか鞄や靴、アクセサリー、時計などを扱い始め、男物も手がけるようになる。結局、どのブランドも同じような幅広い品ぞろえで差別化ができなくなり、ブランドを支える最も基本的なものを失ってしまったわけである。

その次のフェーズで何が起きるかというと「価格競争」だ。つまり、みんなが値段を下げ始める。しかし、値段を下げても売れない。販促費や店舗運営費などが膨大にかかっているので、下げれば下げるほど利益は出なくなる。結局、値段も売上数量も崩壊して会社は荒廃し、残ったのはブランド名だけ、という状態になる。

そのような会社は立て直しが極めて難しい。会社の存在意義がなくなっているため、何を拠(よ)り所にすればよいのかわからないからだ。これが安易な拡大戦略に走った高級ブランドを取り巻く現在の状況なのである。

ブランド離れは「金がないから」ではない

そして、そういう高級ブランドの実態に日本の消費者が、この1～2年でようやく気づいた。つまり、高級ブランドの3万円の商品とH&MやZARAやユニクロなどファストファッションの3000円の商品に値段ほどの差はないということに、である。田舎の中年女性を対象にしているといわれた「ファッションセンターしまむら」も今では若い女性を取り込んで、かなり都会的なセンスを売り物にするようになった。

もちろん素材や品質は高級ブランドのほうが上かもしれないが、ワンシーズンものや普段使いであればファストファッションで十分、安くて最新のデザインのものを頻繁に買ったほうが得、と考える消費者が大多数を占めるようになったのである。

逆にいえば、少しぐらい素材や品質がよくても、もはや高級ブランドは値段ほどには価値がない、と認識する人が増えているのだ。いずれ余裕が出てきたらブランド品に、という感覚ではなく、今の選択で十分満足している、という心理状況になってしまったのである。だからデパートや路面店はおろか、アウトレットでも高級ブランドのショップは見に来る人さえ減って閑古鳥が鳴いているわけだ。

つまり、日本人は未曾有の不況でお金がないから高級ブランドを買わなくなったわけではないのである。

「草食系男子」をはじめとする物欲を喪失した若者が増えていることも、さほど関係ないだろう。要は、アンデルセンの童話『裸の王様』と同じで、質問してはいけない世界なのに、誰かが「高級ブランドは価格ほどの価値があるのか?」と質問したから、実は価格にはほとんど意味がない、ということがみんなに知れ渡ってしまったのである。真っ当で賢明な「ブランド離れ」といえるだろう。したがって、今後じっと待っていれば人気が復活する、ということも期待薄である。

もはや、どれほど高価なブランド商品を持っていても、自慢できる時代ではなくなった。それどころか、かつては全身シャネルばかり身に着けた「シャネラー」が大いに持て囃（はや）されたものだが、今や日本では、しまむらの服で固めた「シマラー」のほうが若い女性にはウケる時代なのである。

そして不況が原因ではない以上、景気が回復して消費者の懐が温かくなっても、高級ブランドの売れ行きが以前のレベルまで戻ることはないだろう。もともと欧米の消費者には、日本のような「猫も杓子も」のブランド志向はなかった。自分の好みにあったものを身に着ける、という内容重視である。この傾向は日本でもこれから強まっていくものと思われる。いま世界で日本以外にブランド志向が残っているのは中国ぐらいだろう。

要するに、行き過ぎた高級ブランド信仰の凋落は、途上国レベルだった日本の消費者が欧米の消費者並みに「成熟」し、本当に自分の好きなものを選ぶようになってきた証左だともいえるのである。

「自分たちの顧客」は誰なのか？

高級ブランドに限らず、様々な業界や商品ジャンルで続いている売れ行き不振も、単に不景気だからという理由だけでは説明できない。

たとえば、総合スーパー（GMS）では「100年に一度」のリーマン・ショックを経て、さらに低価格ばかりが注目されるようになると、未曾有の「値下げ合戦」が激化し、消耗戦の様相を呈していった。西友が他社に先駆けて値下げ品目を発表、2008年12月から競合他店のチラシ掲載価格に対抗して値下げする「他社チラシ価格照合」制度を全店舗に導入した。続いてセブン&アイ・ホールディングス傘下のイトーヨーカドーが09年3月に衣料品や食料品など2600品目の値下げを実施。その翌日には、イオンが「他店にくらべて、決して安くはありませんでした」という文面の〝反省広告〟を主要紙の朝刊に掲載し、実に5100品目の値下げを断行。それに対抗してイトーヨーカドーは4月、さらに2400品目の値下げに踏み切った。

売上高の前年割れが続く総合スーパー各社はどこもかしこも値下げで顧客を繋ぎとめようと必死になったわけだが、結局はみんなが値下げしたから元の木阿弥となり、自分で自分の首を絞めて業界全体の収益を失うに至っている。

私は、スーパーの経営者たちは今こそ「本当に顧客が値引きを要求しているのかどうか」を問い直す必要があると思う。言い換えれば「自分たちの顧客とは誰なのか?」「彼らは何を求めているのか?」という原点に立ち戻るべきだと思うのだ。

「夫婦+子供2人」はマジョリティではない

2008年にはコンビニの年間売上高が初めて百貨店を上回った。その主な理由はtaspo(タスポ)導入による「たばこ特需」に加え、コンビニで生鮮食品や割安なプライベートブランド（ＰＢ）商品を購入する主婦層や高齢者が増えたからだといわれている。だが、同じ商品なら誰でも価格は安いほうがよいに決まっているのに、基本的に価格が安くないコンビニの売上高が伸びてきたということは、他にもっと大きな理由があるのではないか、日本の消費者に本質的な構造変化が起きているのではないか、と私は考えた。

実は、それは国勢調査および国立社会保障・人口問題研究所の将来推計による「家族類型別世帯数の推移」を見れば一目瞭然だ。私たちが「日本の家庭」といった時にまず頭に思い浮かべるのは、夫婦と子供が1人か2人の核家族世帯だろう。ところが、そういう世帯はもはやマジョリティではない。いま日本で最も多いのは「単身世帯（1人暮らし世帯）」なのである（次ページの図を参照）。

単身世帯は1960年の約400万世帯から年々大幅に増え続け、2005年に約1333万世帯となって、「夫婦と子供から成る世帯」の約1464万世帯に肩を並べた。すでに単身世帯は夫婦と子供から成る世帯を抜き、2010年には1500万世帯を超えて全体の3割以上を占めている。さらに「夫婦のみの世帯」「1人親と子供から成る世帯」もじわじわと増え続けており、今の日本の家庭は、従来のイメージとは様変わりしているのだ。

●消費者の構造変化①

家族世帯が減少し、単身世帯中心の世帯構成となりつつある

一般世帯における家族類型別世帯数の推移

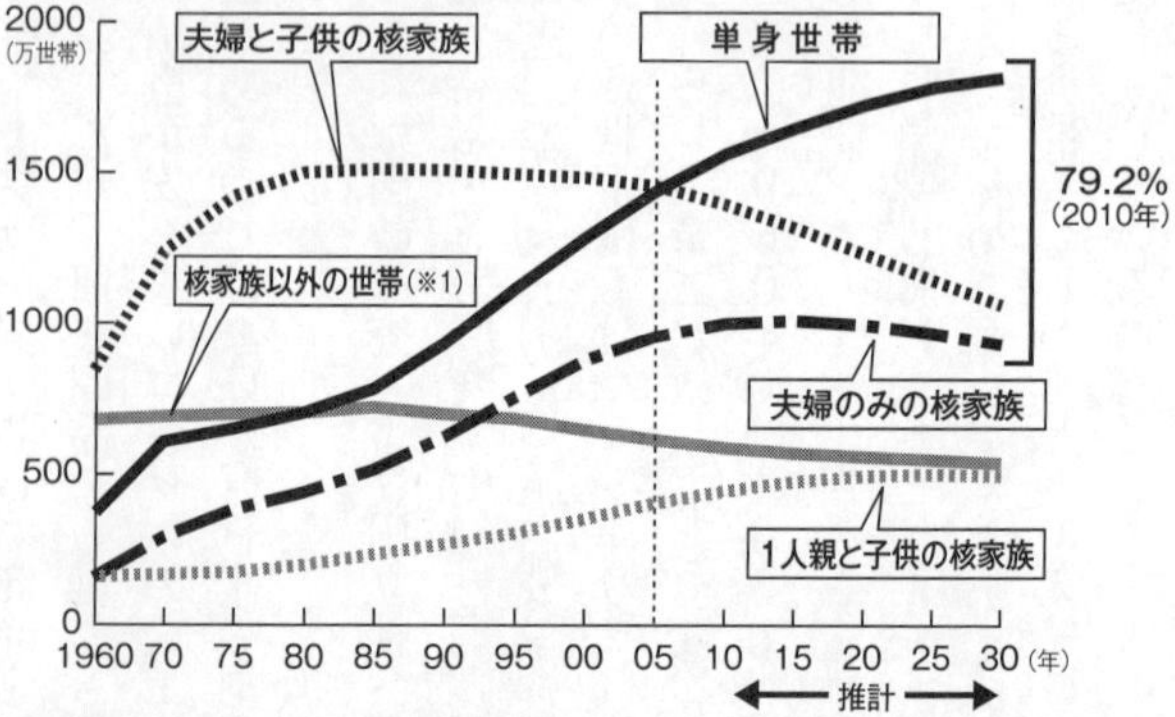

※1：親族または親族以外の者が同居している大世帯

一般世帯における家族類型別割合

(2010年、100%=5184万世帯)

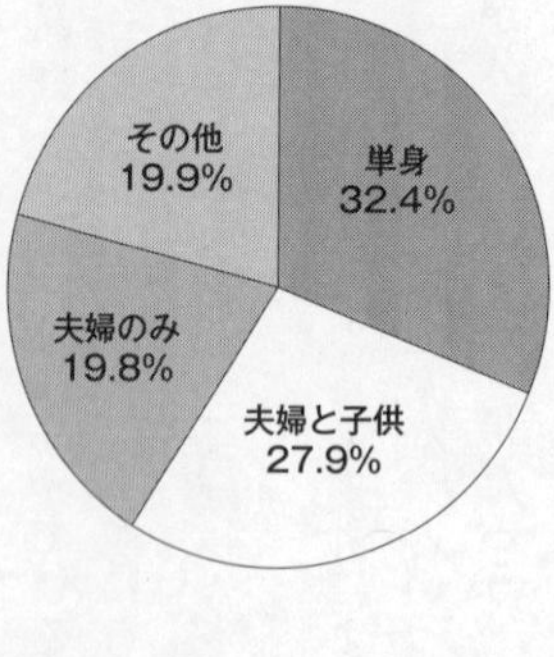

〈注意〉国勢調査における世帯の種類

- 全世帯＝一般世帯＋施設等の世帯
- 施設等の世帯とは、寮などの学生、入院者、社会施設等の入居者などの世帯（2005年時点で約10万世帯、全世帯の0.2%）だが、ここでは一般世帯のみを扱う

資料：国勢調査（総務省）、国立社会保障・人口問題研究所（※05年までは国勢調査、10年以降は国立社会保障・人口問題研究所推計）

©BBT総合研究所

●消費者の構造変化②

「単身世帯」は未婚化、晩婚化、熟年離婚、夫婦の死別などの諸要因により、全ての年代にわたって大幅に増加

年齢階級別世帯数の変遷（単身世帯）

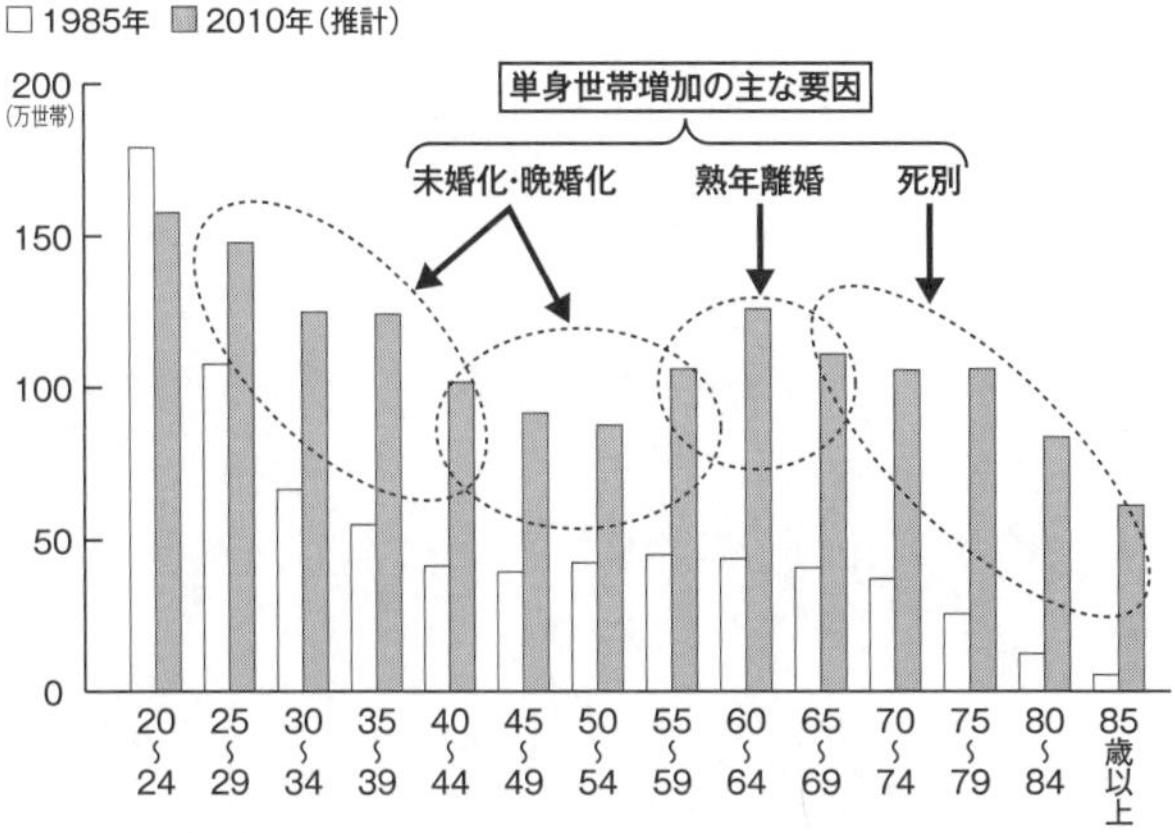

資料：国勢調査（総務省）、国立社会保障・人口問題研究所
（※1985年は国勢調査、2010年は国立社会保障・人口問題研究所推計）
©BBT総合研究所

もう一つ重要な点は、単身世帯の年代分布である。年齢階級別世帯数の変遷を見ると、1985年の単身世帯は20～24歳が最も多く、おおむね年齢が上がるにつれて減少していたが、2010年の単身世帯は20～24歳を除く全年齢階級で大幅に増えるとともに各年代でほぼフラット化しているのだ（前ページの図を参照）。これは未婚化・晩婚化、熟年離婚と夫婦の死別の増加などによるものだ。

つまり、今や日本の〝標準家庭〟は、すべての年代で「単身世帯」になったのである。ところが、大半のスーパーは未だに「夫婦と子供から成る世帯」を前提としたパッケージを中心に売っている。当然、それは単身世帯の人たちにとっては量や数が多すぎる。郊外のスーパーに車で乗りつけて、トランクいっぱい買い物をする、などという客は激減してしまったのである。また、スーパーは肉を100グラムいくらで売っているが、単身者にとっては80グラム程度が適量だということがわかっている。スーパーで買うと、食べきれずに余って捨てることになりかねない。

総合スーパーの低迷は「必然」である

だから、単身世帯の人たちは少しぐらい値段が高くても自宅の近所のコンビニで小パックの惣菜や弁当を買う。あるいは、帰宅時に職場近くのデパ地下で多少豪華な惣菜を買い、飲料などの重いものだけ駅から自宅までの間にあるコンビニで調達する。さもなければ、自宅から外に出ない〝巣ごもり消費〟で、ネット通販やネットスーパー、宅配ピザなどの出前ばかりを利用する。

要するに、単身者の多くは安いだけの商品を志向していないのである。安くなくても自分の好きなものを買う主義の人たちであり、このセグメントは底堅い。総合スーパーが衰退するのは、その対象としている家族持ち世帯が激減しているからだという原因分析をすれば、値引きで客を引き寄せるような〝自殺行為〟は防げるはずなのである。無駄を省きたい単身者は安いというだけでは飛びつかないし、都市部の独身者は車で買い物に行く習慣そのものがないことにも気がつくべきなのだ。

さらに、約1000万世帯で全体の2割を占めている「夫婦のみの世帯」も、安い商品を志向している人はさほど多くないと思う。子供がいない共稼ぎ夫婦は、金銭的な余裕があって嗜好（しこう）的なこだわりも強いだろう。子供が巣立って再び夫婦だけになった50代後半以上の人たちは、いっそう金銭的にも時間的にも余裕があるから、高くて少量でも美味しいものを追求したり、自分で凝った料理の手作りを楽しんだりする傾向が強いはずだ。

これら全体の5割以上を占めていて購買力もある「単身世帯」と「夫婦のみの世帯」という二つのセグメントに対し、総合スーパーは何も提案していない。それではいくら値下げをしたところで、その効果があるのは主に、全体の3割以下に減少してしまった「夫婦と子供から成る世帯」である。したがって、総合スーパーの売り上げが低迷するのは当たり前なのである。

イオンは前述の〝反省広告〟で「売場には、欲しいと思える商品が並んでいませんでした」と消費者に詫びた。しかし結局、2010年2月期決算ではグループとしては初めての減収という結果に終わっている。

私は、他の総合スーパーも含め、日本の小売業界は本当に消費者の顔を見ようとしているのか、大いに疑問に思う。「反省」したふりをして、その実、相変わらず消費者のライフスタイルや購買行動に対する分析も勉強も足りないのではないか。反省する前に「考えろ！」といいたい。

安価で安易なプライベートブランドの罠

コンビニやスーパーなどで安価なPB商品が持て囃されていた当時から、私は雑誌の連載などを通じて、「安くすれば売れる」という幻想に警鐘を鳴らしてきた。

たとえば一時期、1000円以下の激安ジーンズが話題になった。だが、ジーンズは一度買ったら何年も穿ける。そういう長持ちする商品は、安売りをしても効果が続かないものだ。トイレットペーパーなどのように毎日使う商品は値引きをすればありがたみが浸透するが、購買サイクルが数年以上の商品は、値引きするよりも、本当によいものを妥当な値段で提供して満足度を高める方向に持っていくのが王道だ。

そのオーソドックスなやり方から外れて何でもかんでも値下げに走るのは、経営者の怠慢だと私は思う。

なぜなら、値下げは業績に対するダメージが一番大きく、値下げをしたところで何も改善しないからである。損益分岐図を描いて感度分析をすればわかるが、大半の商品は10%値下げをすると、2倍の数量を売っても利益は減少してしまうのだ。いたずらに値段をマイナスの方向にシフトするのは愚の骨頂なのである。

実際、安さを売りにしたPB商品が、いかに企業にダメージを与えるかを『日経ビジネス』（2010年3月15日号）が伝えている。

この記事によれば、東急ストアでは2008年度にPB商品で売り上げの3割を構成するという目標を掲げ、食品から衣料品まで2192アイテムものPB商品を取り揃えた。ところが、その多くが売れ残ってしまう事態になり、2010年2月期決算で連結売上高が9・3%減にまで落ち込んでしまった。そのため、PB商品をピーク時の半分に減らしたのだが、今度はその空いた棚にどんな商品を並べるべきかわからない社員がいたという。改めてPB商品に依存する怖さを強調する記事だった。

PB商品の安さは諸刃の剣だ。「安ければよい」という姿勢は、結局〝顧客の顔を見ない商売〟に繋がる。「安価」ゆえに「安易」な商品を生む弊害を抱えているのだ。

「価格」と「価値」を混同した失敗例

経営者が、よく陥ってしまう落とし穴がある。それは商品の「価格」と「価値」を混同することだ。

価値を変えずに価格を下げても、商品は売れない（毎日のように買う購買頻度の高い商品は除く）。逆にいうと、価値を変えれば、価格を下げなくても売れる。現在のように不況で消費者の購買意欲がなくなっている時でも、それは同じだ。総合スーパーの場合は、イトーヨーカドーもイオンも西友も価値を変えずに値下げに走ったから、業界全体の収益を失う結果となったのである。

同様の間違いは少なくない。日本マクドナルドの創業者・藤田田さんも、その1人だ。同社は1998年に「デフレ宣言」と称し、1個130円のハンバーガーを平日だけ半額の65円で売った。ところが、売り上げは増えるどころか減少した。顧客が「なんだ、マックは65円の価値しかなかったのか」と思ってしまったからである。〝経営の天才〟と呼ばれた藤田さんでさえ価格と価値を混同し、それまで顧客がマックに対して持っていた価値を否定するというミスを犯してしまったわけである。

最近の例では、ファーストリテイリングがユニクロの姉妹ブランドとして展開している990円ジーンズなど超低価格衣料品の「ジーユー（g.u.）」が挙げられる。ユニクロは〝自宅の中および自宅から半径500メートル以内の国民的ユニホーム〟であり、消費者は〝非常に品質のよい衣料品を、考えられる最も安い値段で売ってくれるありがたいブランド〟というイメージを持っていると思う。

ところが、そのユニクロよりも、ジーユーはさらに大幅に安い。となると、誰しも「ユニクロより品質の劣る商品では？」と思うだろう。しかし、同社は「いえ、品質のよい商品です」という。これまでユニクロを支持してきた消費者からすれば、「品質がよくてユニクロより安いなら、なぜユニクロで売らないのか？」となるだろう。

つまり、ジーユーは価格と価値を混同した、全く意味のないブランドなのである。

幸いジーユーのジーンズはよく売れているというが、ユニクロで同じ商品を同じ値段で売れば、おそらくその何倍も売れていただろう。ファーストリテイリング会長兼社長の柳井正さんは友人でもあり、また尊敬する経営者だが、なぜユニクロに集中しないのか私には理解できない。「ZARA」を経営するスペインのインディテックスも「Massimo Dutti」など五つぐらいの別ブランドチャンネルを作ったが、世界化できたのはZARAだけである。

顧客の顔を見て「価値」を提案すべし

ソニーの「QUALIA（クオリア）」は、もっと悪い例だ。QUALIAは「ソニーの最高の技術を投入して、最高のクオリティの製品を提供します」というコンセプトで2001年に生まれたブランドである。プロジェクターや液晶テレビなどが発売されたが、高価すぎて全く売れなかった。

そして、QUALIAの登場でソニーのユーザーは混乱した。彼らは、数あるメーカーの中からソニー製品が最高だと信じて買っていた。ところが、当時の出井伸之会長兼CEOは、いやいや実はソニーはもっと高い技術を隠していたんですよ、それがこれです、といわんばかりにＱＵＡＬＩＡを出したから、結果的に〝ソニー神話〟が崩壊してしまった。ＱＵＡＬＩＡは別ブランドではなく、あくまでもソニーとして発売すべきだったのである。

要するに、マクドナルドにも、ユニクロにも、ソニーにも、消費者は「そのブランドはこういうものだ」という一つの明確なイメージを持っているわけで、それを不況だのデフレだの何だのという目先の環境変化に焦って値下げをしたり、低級品や高級品を出したりして崩してしまってはいけないのである。経営者はブランドイメージを固持しながら、自分のお客さんは誰なのか、その人たちが何を求めているのか、常に目を凝らしていなければならないのだ。

好例を挙げれば、ハローデイという九州のスーパーマーケットがある。同社は、安売りを前面に出すことなく激戦区の中で業績を伸ばしている。その理由は、店舗のつくりが従来のスーパーと全く異なり、新たな「価値提案」を随所にしていることだ。たとえば、北九州市の足原店を覗いてみると、ピアノ音楽が流れる店内で、オリーブオイルやワインの量り売りをしたり、パンやお菓子を焼いたり、コーヒー豆の量り売りとミキシングをしたり、料理相談コーナーを設けたりしている。ちょっとした工夫なのだが、その積み重ねで実にうまくお客さんの心を摑(つか)んでいる。全国から同業者の見学が最も多い店舗でもある。

ハローデイ以外にもスーパー業界では、埼玉を中心に関東の1都6県で店舗展開しているヤオコー、セブン&アイ・ホールディングスグループのヨークベニマル、ダイエーグループのマルエツ、首都圏・近畿圏のライフなどは好調だ。これらの会社はいずれも安売りではなく、お客さんが商材を気に入っているから強いのである。

スーパーに限らず、お客さんに商品の「価値」を認めてもらえば、値引きする必要はない。量は少なくても美味しいものを食べたい、栄養バランスの取れた食事で健康を維持したい、少しぐらい価格が高くても自分の好みにぴったり合ったものが欲しい、といった消費者の「心理」を満たす価値提案ができれば、必ず売れるはずである。

ほとんどの会社が、まだそこまで踏み込んでいないところに、今の日本のメーカーや小売店の問題があるのだ。

価格は「認知された価値」で決まる

そもそも価格というのは「認知された価値（Perceived value）」で決まる。認知された価値とは、買っている人が、その価格を払うだけの価値があると思っている、ということだ。

では、認知された価値を維持するためにはどうすればよいのか？　一言でいえば、全米でベストセラーとなった『ハイ・コンセプト』の著者ダニエル・ピンクがいうところの「デザイン」「物語」「調和」「共感」「遊び心」「生きがい」という六つの右脳型センスを刺激しなければならない。

好例は、フランスのダウンジャケット「モンクレール」だ。平均10万円を超える高価格にもかかわらず、近年ますます人気が上がっている。1万円以下のダウンジャケットが山ほどあるのに10倍以上の値段でも売れるのは、モンクレールに「認知された価値」があるからだ。実際、私も冬に信州の山奥でスノーモービルを楽しむ時はいつもこれを着ているが、マイナス20度の厳寒の山中でも平気で昼食を食べることができ、それでいてお洒落(しゃれ)だ。フランスの山岳救助隊御用達、という謳(うた)い文句がそう感じさせているのかもしれない。

この章の最初にも書いたように、ブランドは安売りをしたらおしまいだ。もともと10の価値のものを100で売っているわけだから、それを50で売ったら、50の価値しかなかったのかと相手の認識が変わってしまい、二度と100には戻れない。

逆にいえば、「認知された価値」を創り出していくためには、機能を追求するだけではいけない。機能だけでは、価値を絶対に正当化できないからだ。最たる例は時計である。クォーツを開発して機能を追求した結果、秒まで正確な時計が安価に買えるようになってしまった。今ではデジタル時計のモジュールは150円ぐらいといわれている。10万円の時計でも、心臓部分は1000円の時計と変わらない。機能で差別化するのが難しい、というのがデジタル商品の特徴である。

要するに、ほとんど同じでも値段は10倍以上の開きがあるものが世の中に溢れている、というのが成熟経済の特徴なのだ。その中で「価値型」の割合の大きさが、その国や国民の余裕を表わす。ところが、いま日本は、その余裕がほとんどなく、企業が競って低コスト・低価格の「機能型」に市場を追い込んでいるから、どんどんデフレが加速して経済が萎んでいる。その行き着く先は中国勢や台湾勢の得意分野であり、日本企業が生きていく場所は残っていない。「価値型」の割合が大きくならないと、日本経済は膨らまないのである。

コンビニ〝三国志〟時代の鍵は「生鮮」

百貨店や総合スーパーよりマシとはいえ、コンビニも苦しい戦いが続いている。

2010年3月、業界3位のファミリーマートが、7位のam/pm（エーエム・ピーエム・ジャパン）を買収、両社を合わせた日本国内の総店舗数は約8700店（当時／以下同）に達した。これでコンビニ業界は1位のセブン-イレブン・ジャパン（約1万2700店）、2位のローソン（約9700店）、3位のファミリーマートの「3強」がしのぎを削る〝三国志〟時代に突入した、という見方がもっぱらだ。

しかし、コンビニ業界を取り巻く状況は、それほど単純な図式ではない。淘汰が起きて合従連衡（がっしょうれんこう）が始まるのは飽和市場の特徴である。いまコンビニは大きな過渡期にさしかかっており、その構造的な課題も浮き彫りになりつつある。

たとえば、最近は生鮮食品に対するニーズが、とくに東京や大阪など大都市の都心部で高まっているが、コンビニは生鮮食品を（生鮮コンビニ「ローソンストア100」などを除き）ほとんど扱っていない。

これまでコンビニは、近所の住民が深夜に足りないものを補充したり、遠くのスーパーから持ち帰るのが重くて難儀な飲料などを買う〝自宅の冷蔵庫代わり〟として機能してきた。それに夫婦と子供の家族世帯や近くのオフィスで働いているサラリーマンなども含めた最小限のニーズに応えられるような〝最大公約数〟的な品揃えになっている。

ところが前述したように、いま日本の世帯で最も多い居住形態は単身世帯だ。若者だけでなく、晩婚化や非婚化、離婚、死別などによって全世代で増加している。あるいは高齢者の夫婦だけの世帯や夫婦共働きの世帯も増えている。この大きく変化した世帯の構成要素に対し、コンビニの品揃えは必ずしも個々の世帯ニーズにフィットしにくくなっている。その最たるものが生鮮食品なのだ。

「小型食品スーパー」に注目

さらに、最近は長引く不況の中、消費者の節約志向や〝巣ごもり〟現象が定着しつつある。健康ブームを背景に「内食化」が広がり、単身者でも自宅で料理を作る人が増えている。しかし、食品スーパーの多くは深夜まで営業していないため、帰宅時間が遅いと買い物ができない。そもそも大都市の都心部には食品スーパーがほとんどなく、あっても値段が非常に高い。

このコンビニとスーパーの間隙を縫って登場したのが「小型食品スーパー」という新業態だ。

すでにイオンの「まいばすけっと」が東京と神奈川で131店舗（2010年6月1日時点）を展開。食品スーパー大手のマルエツは「マルエツ　プチ」を東京都心部で2009年度から手がけ、首都圏を中心に70店舗余りを展開する「成城石井」もJR東日本と組んで「駅ナカ」のショッピングセンターのアトレやルミネの中に出店している。

このうち、とくに私が注目しているのは成城石井だ。オリジナルの成城石井の縮小版である駅ナカ店舗は、高級食材やワイン、チーズなどの輸入食品を豊富に揃え、惣菜やデザートも充実している。自宅で料理を作る単身者にとってスーパーのパッケージは量が多すぎるため、少しぐらい高くても帰宅途中の駅にあって少量でも買いやすい成城石井が人気を集めているのだ。今後はこれらの「小型食品スーパー」の成長する余地が大きいだろうと私は予測している。

ならば、コンビニが生鮮食品を扱えばよいではないか、という発想もあるだろう。しかし、それは口でいうほど簡単ではない。

当たり前のことだが、生鮮食品は腐る。このためスーパーでは肉や魚や野菜が古くなりかけたら、それを店内やセントラルキッチンで調理して惣菜や弁当に再利用してロスを抑えている。

しかし現在のフランチャイズ形式のコンビニには、その機能がない。考えられるのは、鮮度が落ちた生鮮食品を本部が惣菜工場や弁当工場に集荷して、調理が終わったら再び各店舗に配送する、という方法だが、コンビニの場合、商品は本部がフランチャイジーの各店舗に1回売ってしまっている。したがって、生鮮食品を再利用する時は、本部が買い戻さなければならない。だが、買い戻した途端にフランチャイジー側にロスが発生し、本部からすれば集配コストもかかるので、買い戻すという操作は現実的には困難になっている。

「駅」を制する者が優位に立つ

ただ、現状のまま手をこまねいていても展望は開けない。これまでのコンビニが〝自宅の冷蔵庫代わり〟だったとすれば、もっとフレキシブルに、地域ごとにニーズに対応していって〝冷蔵庫〟をもっと大きく、品揃えも豊富にするとか、〝台所代わり〟になる、というコンセプトもある。

もしコンビニがこれから新たに生鮮食品を扱うとすれば、同じセブン&アイ・ホールディングス傘下に総合スーパーのイトーヨーカドーと食品スーパーのヨークベニマルを持つセブン‐イレブンに利があるだろう。生鮮食品を取り揃えた新型コンビニを、たとえば「フレッシュ・セブン」といった名前で展開することで、新たな市場を開拓できるのではないかと思う（ただし、系列スーパーの顧客を奪わないよう、きめ細かい店舗戦略が求められるだろう）。

また今後、需要が見込めるサービスは、生鮮食品に限らない。単身者や夫婦だけの世帯など、日常的に少量の商品しか買わない人が世の中の中心になってくると、そういうお客さんの究極の要求は、同じグループのスーパーで売っている商品をコンビニで注文・受け取りができるようになることだろう。いずれコンビニはスーパーの出先機能も担うようになるかもしれない。その場合、スーパーでセブン＆アイと競い合っているイオングループは、前述の「まいばすけっと」を別にすれば、ミニストップのようなコンビニしか持っていない。そのため、競争の場がスーパーと連携したコンビニに移ってきたら、モール型のイオンは苦戦するだろう。

車通勤が主である郊外や地方の場合、その受け取り場所はガソリンスタンドのほうがよいという考え方も成り立つ。朝、出勤途中に最寄りのガソリンスタンドに立ち寄って（あるいはネットや電話で）商品を注文し、帰りがけにピックアップするという方法である。実際、欧米の多くの国ではガソリンスタンドがコンビニ化（あるいはコンビニを併設）している。

一方、日本では電車通勤の大都市の場合は、駅を握ったところが強い。毎日利用する駅で商品の注文と受け取りができれば、すこぶる便利だからである。私がＪＲの「駅ナカ」の成城石井に注目している理由もそこにあるわけだが、残念ながら、今のところ東京や大阪の私鉄系スーパーにそういう発想はないようだ。もちろん石油元売りにもそうした総合的なコンシェルジェ機能を構想しているところは見当たらない。

このように考えると、コンビニ業界は〝3強時代〟に突入したとはいえ、むしろ戦線は従来の枠を越えて広がりつつあると考えるのが妥当だろう。小型食品スーパーの活況を前に、コンビニにはさらなる〝進化〟が求められているのである。

「右脳型商品」も取り込むネット通販

苦戦が続く小売業界で、圧勝の様相を呈しているのがネット通販だ。なかでもアメリカのネット小売最大手アマゾン・ドットコムは、景気悪化に伴う消費の冷え込みにもかかわらず市場シェアを拡大している。同社の２０１０年第１四半期（１～３月期）の売上高は、電子書籍端末「キンドル」の効果もあって、前年同期比45・９％増の71億3100万ドル（約6500億円）、純利益は68・9％増の2億9900万ドル（約271億円）に達している。

私は以前からネット通販の特性について分析を重ね、90年代に赤字を続けていた頃から、アマゾンはボリュームが増えてきたら黒字になる、と雑誌の連載などで指摘してきた。

改めておさらいすると、これまでネットで売れるのは、航空券、ホテル・旅館の宿泊、本、CD、DVD、家電製品などのように、どこで買っても同じもの、すなわち「左脳型商品」だった。逆にいえば、同じでないかもしれないものはネットで売れない。たとえば、アパレルや靴、食品のように実際に見たり、触ったり、試着したり、試食したりして確かめる必要があるもの、すなわち「右脳型商品」は、基本的にリアル店舗でなければ売れない、というのが従来の〝常識〟だった。右脳型商品であってもルイ・ヴィトンやエルメスなど商品の型番で注文すれば間違いがなくて値引きもほとんどない世界で〝一物一価〟のような高級ブランド品、あるいはヴィクトリアズ・シークレット、ランズエンド、エディー・バウアー、L・L・ビーン、J・クルーなど自分のサイズがはっきりわかっているローエンドの商品はネットでも売れていたが、それ以外の商品はなかなか売れなかった。

しかし今では、動画でステーキがジュワーッと焼ける様子を見せて香りを感じられるようにしたり、「ガールズウォーカー」のようにその分野のエキスパートのオピニオンを付けたりすることによって、次第に右脳型商品もネットで売れるようになってきた。

なかでも私が日本で注目しているのが、ファッションのネット通販サイト「ZOZOTOWN」だ。

このサイトはネット通販で162店・1178ブランド（2010年3月末時点）を扱い、運営会社スタートトゥデイの年間売上高が約170億円（同年3月期）に達している。最大の特長は、CGを駆使してリアル店舗に行ったような感覚でお客が買い物を楽しめるようになっていることだ。また、各ショップのマネージャー、バイヤー、プレスなどが、サイト内のブログで新作アイテムや発売前のアイテムを紹介している。

そうした工夫が利用者に支持されて人気が高まり、「ビームス」「ユナイテッドアローズ」「シップス」など有名セレクトショップも委託販売するようになった。セレクトショップ側としては出店リスクがなく、在庫リスクも低いからだ。その結果、有名セレクトショップが出店していない地方都市の若者たちが、続々と買いにくるようになったのである。セレクトショップのプラットフォームになりつつあるZOZOTOWNは、右脳型商品を扱うネット通販としては数少ない成功例の一つであり、もしかすると〝大化け〟する可能性もあると思う。

左脳型商品でもアマゾン「独り勝ち」

アマゾンも、本やCDは成功を収めたものの、他の左脳型商品は品揃えや価格に難があって伸び悩み、家具などの右脳型商品は失敗の連続だった。現在も右脳型商品はまだ苦戦していると思われるが、家電製品やカメラといった本やCD以外の左脳型商品は新たな手法を導入することで売り上げを大きく伸ばしている。

新たな手法とは「フルフィルメント・サービス」だ。これはアマゾンが自分で売るのではなく、他の出品者にアマゾンの看板（サイト）、顧客データ、システム（決済やデータマイニングなど）を貸して在庫商品の保管・管理からピッキング・梱包・出荷まで請け負い、商品が売れたら薄く手数料をもらうというものである。このサービスを導入した結果、アマゾンは品揃えが大幅に拡充してボリュームが増え、戦略的な価格設定（ディスカウント）が可能になったのである。

たとえば先日、私はデジタル一眼レフカメラが欲しくなったので、メーカーと機種を決めて秋葉原の家電量販店に足を運び、実勢価格を調べてみた。すると、どの店も8万8000円前後で差は数百円しかなかった。しばらくどの店で購入するか決めかねていたのだが、アマゾンでチェックしてみたら、全く同じ商品が何と7万6500円で売られていた。家電量販店で10%のポイント還元があったとしても、まだアマゾンのほうが安いのだ。8GBのSDメモリーカードに至っては半額以下だった。しかも原則、配送料無料である。

こうした現状を踏まえると、今後、家電製品やカメラについては、アマゾンの「独り勝ち」状態になる可能性が高いと思う。広い敷地に大型店舗を構えて労働集約型の売り方をしている家電量販店は、逆立ちしても価格でアマゾンに太刀打ちできないからである。両者の仕入れ値が同じだったとしても、アマゾンはリアル店舗がなく、従業員もほとんど出荷要員だけでコストが格段に安いから、そのぶん構造的に小売価格を安くできるのだ。

〝主戦場〟はリアルからネットへ

従来、家電量販店は、基本的にメーカーが出す「販売報奨金」を利用してディスカウントしてきた。販売報奨金はボリュームリンクで期末調整になっている。つまり、その期間に売ったボリュームに応じて期末に販売報奨金という形で割り戻しがくる。そこで家電量販店は、先に銀行から資金を借りて大量に商品を仕入れ、期末の販売報奨金を織り込んだ割引価格をつけている。家電量販店は販売報奨金を先取りしているわけだ。

逆にいえば、そういう独特な仕掛けの中では店舗を増やしてボリュームを稼がないと、メーカーに対する価格交渉力を持つことができず、販売報奨金も少なくなる。だから家電量販店は、規模の勝負とばかりに都心の駅前や地方中核都市の郊外で店舗網をどんどん拡大した。

そして今、地方中核都市の郊外に展開して業界トップになったヤマダ電機が渋谷、池袋、新宿など東京都心の駅周辺に進攻し、駅前一等地に出店してきたヨドバシカメラやビックカメラとの最終決戦に突入するという構図になっている。

だが、この〝家電量販店業界シェア争奪戦〟は、今や全く違う世界に入りりつつある。つまり、主戦場はリアル店舗の数やロケーションではなく、ネットに移り始めているのだ。現に、私のような人間にとっては、リアル店舗は値段と実物を見るためののショールームにすぎない。

ネット通販サイトにおけるアマゾンのライバルは、日本では楽天と価格.ｃｏｍ（カカクコム）だろう。しかし、楽天と価格.ｃｏｍは一つの商品を検索すると、販売店と価格の異なるものが山ほど出てきて選ぶのに苦労する。ユーザーにとってはアマゾンのほうがすっきりしていて商品の絞り込みが簡単だ。したがって、価格に大きな差がない限り、シンプルなアマゾンが勝つ可能性が高いと思う。

すでに楽天はアマゾンの脅威に気づき、何でもかんでも幅広く売る「市場」から、旅行、本、家電製品などの左脳型商品を縦方向に深く掘り下げていく「専門店」への転換を検討しているという。

いずれにしても、これから家電製品でネット通販のシェア争いはいっそう熾烈（しれつ）になる。そしてネット通販同士の競争が激しくなればなるほど、家電量販店は衰退していく。不況の影響で消費者が外出を控えて支出を抑え、切り詰めた予算をネット購入に回す〝巣ごもり消費〟の増加という背景もある。業績不振に陥ったラオックスが郊外店から撤退して秋葉原を中心に7店だけを残すことになったが、それは家電量販店業界が激変する道程の一里塚にすぎないのだ。また、同社は中国の大手家電量販店「蘇寧電器」の傘下に入って、生き残りを図っている。

人は選択肢が増えると選択しなくなる

これまで消費者が商品を選ぶ時は、モノ情報誌を参考にしたり、知識のある友達や近くの店の店員に聞いたりしていた。しかし、今やインターネットでたいがいのことは調べがつく。いろいろなサイトに投稿されているユーザーの「口コミ」も大いに参考となる（ただし、その内容は吟味が必要だが）。

たとえば価格.ｃｏｍのようなサイトを見れば、類似商品の「売れ筋ランキング」や「満足度ランキング」が即座にわかる。それで比較検討して買う商品を決めたら「価格の安い順」にショップも教えてくれるので、その中から好きな店を選んで購入する、ということが簡単にできるようになった。

つまり、消費者の購買行動に〝知的な吟味〟が加わるようになり、今まで販売側やメーカー側の人たちが握っていた購買行動の主導権が、消費者側に移ったのである。賢い消費者がみんなで〝武装〟して「集団知」を創り出し、それに基づいて最終的な判断をするようになったのである。

２０１０年は、私の暦でいえば、A.G. 26年（アフター・ゲイツ＝ウィンドウズが登場した1985年を元年とする）だが、eコマースの発達によって購買行動の主導権が消費者に移ったのは、ツイッターなどのコミュニケーションツールの多様化と並んで革命的な変化だと思う。

しかも、そういう賢い消費者たちがサイバースペースで実際に財布を預けている店、すなわちクレジットカード番号などを登録している店は数軒に限られることが多い。みんな、あちこちの店に個人情報を教えることをためらい、信用できる店や気に入った店のリピーターになる傾向が強いのである。

かくいう私自身がそうだ。その中で最近、私が一番楽しみにしている通販サイトは「超一品.com」（www.choippin.com）である。このサイトが面白いのは「1日1品」しか売らないことである。ワインも1日1本、かなりの掘り出し物を推奨してくる。価格が割安で、なるほど選りすぐりの品だ、と納得してしまうような蘊蓄も書いてあるから、ついつい買いたくなる。

たとえば私は梅干しには自分なりのこだわりがあるが、ある朝「超一品.com」を開いたら、実に旨そうな梅干しが出ていた。即座に注文したところ、2日後に届いたその梅干しは、予想以上に旨かった。それから私は毎日欠かさず「超一品.com」をチェックするようになったのである。

「超一品.ｃｏｍ」のコンセプトは、うまいところをついていると思う。なぜなら、今やｅコマースの世界は百花繚乱で、元禄時代のような爛熟した状況になってきているが、楽天市場やアマゾンなどの〝百貨店サイト〟で買い物をしようとすると、商品が豊富すぎて選ぶのが面倒になるからだ。人々は「選択肢が増えると選択しなくなる」のである。加えて、すでに家の中にモノが溢れている日本人が新たに欲しくなるのは、その道のプロや専門家、趣味嗜好の合う友達が薦めるモノぐらい、という時代になっている。そのニーズに応えたサイトの一つが「超一品.ｃｏｍ」だといえるだろう。２００８年10月下旬のサイト開設以来、アクセス数は増え続け、現在は１日４万～５万件にも達している。

そのほか、築地市場や産地直送の鮮魚、肉、野菜といったスーパーなどでは手に入らない〝こだわり食材〟を扱う通販サイト「うまいもんドットコム」を運営する「食文化」も好調だ。決して値段は安くないが、２００９年度の売上高は14億５０００万円と08年度の９億７５００万円から１・５倍になっている。

このことからも、「安くすれば売れる」というのが幻想であることがよくわかるだろう。

電子マネーで巨大な〝新大陸〟が誕生

巣ごもり消費やネット通販が浸透・拡大している背景には、デジタル世界が劇的に変化しつつあることも無視できない。

デジタル世界には携帯電話、テレビ、カメラ、GPS、PDA、携帯音楽プレーヤー、ゲーム機、電子マネーなどの多様な〝デジタルアイランド〟があり、今、それらが急速に一体化して巨大な〝デジタル新大陸〟になりつつある。

そんなデジタルアイランドのうち、日本国内でとりわけ重要になっているのはプリペイド（前払い）方式の電子マネーである。プリペイド方式の長所は、前もって入金してある金額しか使えないから与信の必要がない、ということだ。

一方、NTTドコモの「iD」などポストペイ（後払い）方式の電子マネーは、利用者が払わなかったら仲介するクレジットカード会社が払わねばならないので、与信が必要になる。その場合は3～4％ぐらい手数料を取らないと集金コストや未払い金をカバーすることができない。したがって少額決済では、ポストペイ方式よりもプリペイド方式の電子マネーのほうが、発行体企業にとっても利用者や業者にとっても手軽で使い勝手がよいのである。

プリペイド方式の電子マネーは、ビットワレット（現・楽天Ｅｄｙ）の「Ｅｄｙ（エディ）」、セブン＆アイ・ホールディングスの「ｎａｎａｃｏ（ナナコ）」、イオンの「ＷＡＯＮ（ワオン）」、鉄道系の「Ｓｕｉｃａ（スイカ）」「ＰＡＳＭＯ（パスモ）」などが乱立しているが、共通して使われている仕掛けはソニーの「ＦｅｌｉＣａ（フェリカ）」という決済機能付き非接触ＩＣカードの基幹技術だ。

もともとソニーの技術者は世界通貨のポジションを目指してＦｅｌｉＣａを作り、電子マネーに「ユーロ」「ドル」「円」の頭文字を組み合わせてＥｄｙと名付けた。もし、当時のソニー経営陣に構想力があれば、電子マネーで世界を制覇することも夢ではなかったと思うが、残念ながら彼らはＦｅｌｉＣａをプラットフォームではなく部品として捉えたため、みすみすそのチャンスを逃してしまった。

話を戻そう。同じＦｅｌｉＣａを採用している電子マネーの違いは、ソフトのちょっとしたプロトコル（約束事）だけである。したがって、それを外せば、カード間の相互利用（読み取り機の共用）が可能になる。つまり、各社の電子マネーに互換性が生まれるわけだ。

そして現在、電子マネーは急速にその方向に進んでいる。たとえば、セブン＆アイのｎａｎａｃｏやイオンのＷＡＯＮは、どちらも自社店舗と一部の提携企業でしか使えない。消費者にとっては利用範囲が限定されるため使いづらく、他の電子マネーを使うお客さんの足が遠のくという（当初の狙いとは逆の）現象が起きてしまった。

そこで独自の電子マネーを発行している企業は、1社単独での集客・囲い込み戦略から提携先拡大・相互乗り入れ戦略にシフトしている。nanacoを発行するセブン&アイが、傘下のセブン-イレブン全店でEdyでの支払いにも対応しているのはその一例だ。

そのような動きの中で、これから最も有力な電子マネーはEdyだと考えている。なぜなら、まずEdyは最も発行枚数が多い。プリペイド方式の電子マネーの累計発行枚数は1億2200万枚（2009年11月時点）を超えているが、そのうち5400万枚をEdyが占めている。主要なコンビニのほとんどで利用できるのもEdyだけである。

さらには2009年末、楽天（会員数5300万人＝当時／以下同）がEdyを運営しているビットワレットを買収した。第三者割当増資によって同社の過半数の株式を取得し、連結子会社にしたのである。

ポイントビジネスは消費をどう変えるか

楽天とEdyが合体すると、どうなるか？　Edyで支払えば楽天スーパーポイントが貯まり、楽天市場、楽天トラベル、楽天ブックス、楽天証券など楽天グループの支払いに使える。楽天と提携しているANA（全日空）のマイレージポイント（会員数1800万人）やTSUTAYAのTポイント（会員数3300万人）などもEdyに交換できるようになるだろう。楽天は自社のポイントとEdyを連動させることで、サイバー空間の顧客をリアル店舗に誘導する「楽天経済圏」の拡大を目指しているのだ。

楽天が成長している大きな理由の一つは、この「ポイント」である。今やポイントは電子マネーに次ぐデジタル大陸制覇の重要なツールとなりつつあり、最近の日本人の購買行動において非常に大きな意味を持つ。

たとえば、「あなたはどんな店で買い物をしますか？」というアンケート調査をすると、最も多い答えは「安い店」や「交通の便がよい店」ではなく「ポイントの高い店」である。また、「ポイントを意識してお店を選びますか？」「ポイントがつく金額まであと1品買う必要があったら買いますか？」という質問には、いずれも半数の人が「ＹＥＳ」と答えている。日本人の多くは「初めにポイントありき」で店を選ぶようになっているのだ。

楽天トラベルは年間３０００万泊の予約がある国内最大の総合旅行サイトだが、その人気の秘密もポイントだ。実は、楽天スーパーポイントはサラリーマンの密かな楽しみになっている。出張先のホテルを楽天トラベルで予約すれば、自分のポイントが貯まる。それでプライベートな旅行に出かけたり、楽天市場で買い物をしたり、ＡＮＡのマイレージと交換して、Ｅｄｙに付け替えることができる。

つまり、楽天スーパーポイントはネット取引を通じてキャッシュになり、奥さんも会社も税務署も知らない〝電子的なへそくり〟になっているわけだ。

楽天がＥｄｙを買収してポイントと電子マネーが融合したことで「楽天経済圏」が一気に拡大し、Ｅｄｙをプラットフォームとしたデジタル新大陸が出現する可能性が一気に高まっている。

そこに第３の要素として携帯電話が融合すれば、極めて大きい新たな事業機会が生まれることになる。携帯電話のアイランドからＮＴＴドコモが「おサイフケータイ」や「モバイルＳｕｉｃａ」を活用してデジタル新大陸を形成する可能性も残っているが、今のところＮＴＴドコモのような意思決定に時間を要する大企業より、三木谷浩史会長兼社長の一声で動く楽天のほうに分があるのではないか。

いずれにしても、電子マネーとポイントと携帯電話を統合した企業が〝デジタル戦国時代〟の通貨を統べるに違いない。

第3章（外なる鉱脈）

「新興国&途上国」市場に打って出る

ずがない。

新興国が繁栄し始めた二つの理由

第1章で述べたように、日本は今や完全に「成熟国モデル」に移行している。にもかかわらず、右肩上がりの「途上国モデル」で事業運営していたら、業績が伸びるはずがない。

日本国内で市場が飽和、あるいは衰退した業界の企業が、もし今の「途上国モデル」のままで成功しようと思ったら、途上国モデルが成り立つ海外、すなわち新興国や途上国に打って出るという選択肢が残されている。

2008年秋に起きたリーマン・ショック後の世界金融危機ではっきりしたことがある。それは、低迷する先進国経済を尻目に、内需が堅調な新興国は引き続き力強く成長しているということだ。中国やインド、ブラジル、中東、ASEAN（東南アジア諸国連合）は、09年のGDP成長率がプラスを維持したのである。

2009年末の世界主要企業の株式時価総額上位500社を見ても、日本を除くアジアにブラジルとロシアを加えた新興国勢が、08年末より31社多い107社を占めた。今や新興国は、世界経済の成長を牽引する役割を担うようになっているのだ。

●21世紀の新・雁行モデル

日本を先頭とした雁行形態発展モデルが70～90年代にいわれたが、BRICsやVISTAでは中国を先頭にお互い負けていられない、という新たな意識が生まれてきている

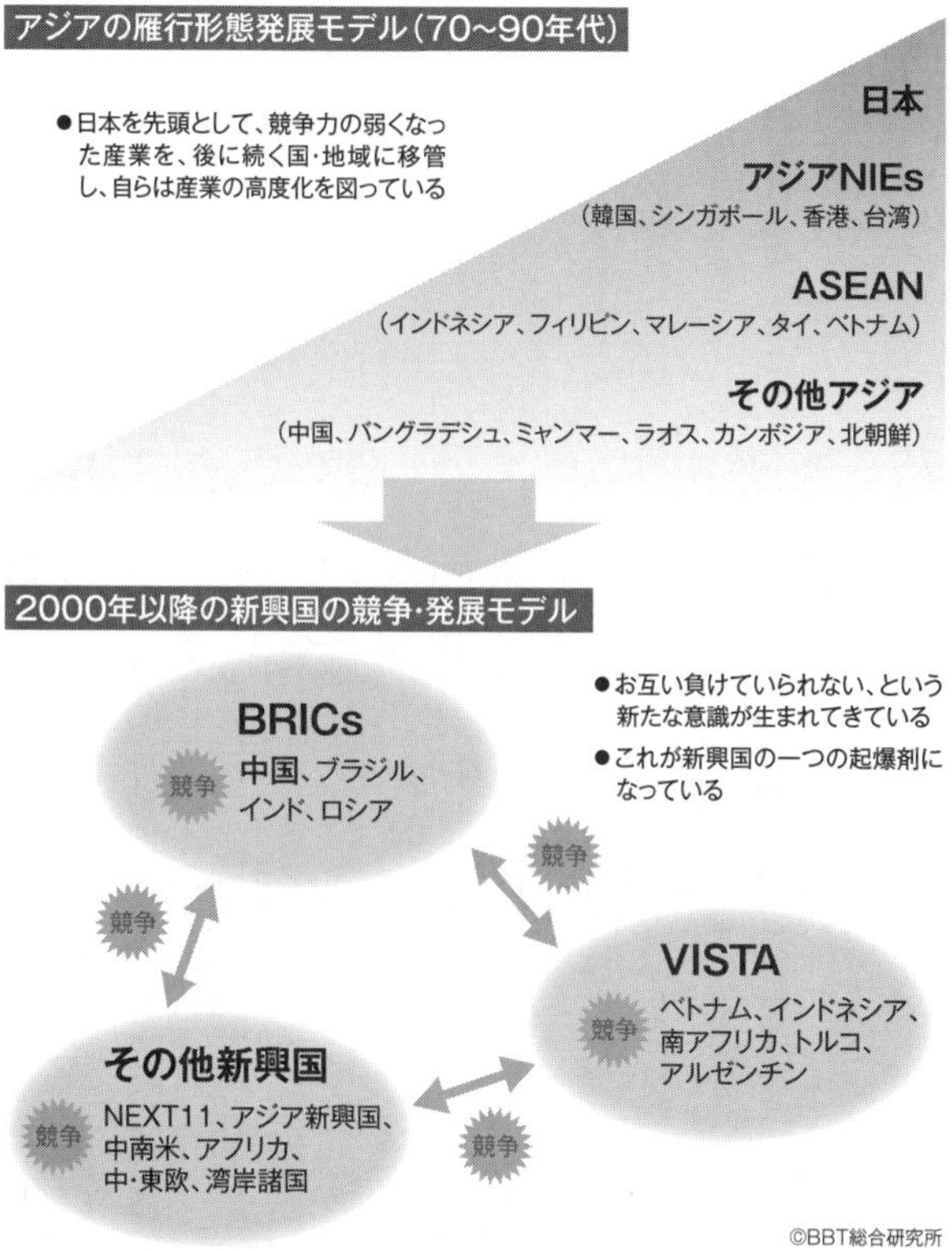

©BBT総合研究所

なぜ新興国が繁栄しているのか？　理由は二つある。

一つは、より高いリターンを求めて世界を徘徊している巨額の「ホームレス・マネー」が、グローバル金融システムによって自動的に新興国に向かう仕掛けができたことだ。先進国でダブついた富裕層の資金が、アメリカの投資銀行（現在は「銀行」に〝変装〟しているが）などの金融商品にパッケージングされて、成長している新興国に大量に流れ込むようになったのである。これは21世紀の全く新しい経済発展モデルだ。

今まで先進国の投資家は、簡単には新興国には向かわなかった。「カントリーリスク」という言葉が幅を利かせていて、そのランクが高い国には、よほどの投資案件でもない限り、誰も手を出さなかったのである。

私が日本企業の世界進出を盛んに手伝っていた20〜30年前は、まず社長から「その国のカントリーリスクはどのくらいですか？」と聞かれるのが常だった。つまり20世紀は、先進国ではカントリーリスクに応じて投資を行ない、中進国以下についてはODAで付き合っていた。資源があれば資源だけを買い、弱ければ〝植民地〟にしてしまうというモデルだった。

ところが、今やカントリーリスクという言葉は死語になった。世界中の先進国の投資家が新興国の成長に便乗しようと、これまで石油や金（ゴールド）や農産物などを買っていたお金を新興国に入れるようになったのである。しかも、それは民間資金だから資本市場的には紐付きのODAよりもはるかに〝よいお金〟であり、欧米帰りの優秀な経営者や将来性のある会社にどんどん回っていくので、その循環が新興国ブームに繋がっているわけだ。

もう一つの理由は、21世紀の新しい「雁行モデル」が誕生したことである。1970〜90年代のアジアでは、先頭の日本をNIEs（新興工業経済地域／韓国、シンガポール、香港、台湾）が追いかけ、その後ろにASEANが続くという雁行形態の発展モデルだった。先行する国は競争力が弱くなった産業を後続の国・地域に移管し、自らは産業の高度化を図っていったのである。

今の新しい雁行モデルの先頭は中国だ。その大きな雁の上にまたがって鞭を入れているのが台湾だといえば、〝チャイワン〟の姿がイメージできるだろう。さらにその後を他のBRICs各国（ブラジル、ロシア、インド）やVISTA（ベトナム、インドネシア、南アフリカ、トルコ、アルゼンチン）など世界中の新興国が「（最近まで最貧国の一つにすぎなかった）中国にできたのだから自分たちにできないわけがない」ということで、一斉に追いかけ始めたのである。

帰国した知的労働者が成長に拍車

成長している新興国の共通点は、若年人口が多くて豊富な労働力があり、教育レベルが高く、世界中に知的労働者を〝輸出〟しているということだ。その条件を満たす国は、ＢＲＩＣｓやＶＩＳＴＡ以外にも少なくない。たとえば、南米ではペルーとコロンビアが有望だろう。

ペルーは人口約３０００万人、コロンビアは約４６００万人の若い大国で、ともに国民の知的レベルが非常に高い。とくにコロンビアはホテルマネージメントなどのサービス産業に強く、治安もウリベ前大統領の２期８年で大幅に改善している。

中国、インド、トルコ、ルーマニアなど世界に知的労働者を提供している国の場合、祖国が発展すると海外に出稼ぎに行っていた優秀な人材が続々と帰って来て、さらに発展を加速するという状況が生まれている。彼らは外国語や経営ができるので、海外で働いているよりも祖国に帰ったほうが、はるかに事業機会が多くてお金を稼げるからだ。

さらにＩＴデジタル革命によってキャッチアップに時間がかからなくなった。20世紀のアナログ時代は習熟曲線（投入した時間と反応・成果の関係）が重要でキャッチアップに時間がかかったため、中進国が先進国に追いつくのは至難の業だった。ところがデジタル時代に入ったら、いとも簡単に追いつき、追い越せるようになった。製造は機械や部品を買ってくれば誰でもどこでも可能になり、教育はインターネットの普及によって英語さえできれば瞬時に世界のベストプラクティスを学べるようになったからである。

このような劇的な変化の中で、日本企業はどうすべきか？　新興国市場の中間所得層を獲得していかねばならない、と私は思う。

アジア3か国だけで日本の5倍規模

これまで日本企業は高品質・高価格・高利益率にこだわり、先進国か、新興国では主として富裕層をターゲットにビジネスを展開してきた。しかし、世界の所得別人口構成を見ると、年間所得2万ドル以上の富裕層は1億7500万人にすぎない。それに対し、年間所得3000ドル以上の中間所得層は14億人もいる。そのうち中国が4億人、インドが2億人。インドネシアが8000万人。アジアの3か国だけで日本の全人口の5倍に達するのである。

そして年間所得は3000ドル前後でも、購買力平価で比べたら、すでに彼らは日本の中流以上の購買力を持ち、教育、家電製品、自動車、家具、海外旅行などに非常に興味がある。いわば1960年代の日本の「3C（クーラー、カラーテレビ、自家用車）時代」と同じような状況にある。そういう成長マーケットが世界中に広がっているのだから、その「ビジネス新大陸」に飛び込み、現地で作って現地で売ればよいのである。

実際、新興国に進出している日本企業は好業績を上げている。たとえば、ホンダは二輪車の新興国市場で、ブラジル（8割）、タイ（7割）を筆頭に、圧倒的シェアを誇っている。また、フマキラーはインドネシアで蚊取線香の販売を拡大し、味の素はアジアだけで約3000人の営業員を配置する現地密着型の事業展開によって、ともに営業利益を6割以上も増やしている。

もはや高齢化社会となって所得も伸びず、市場が縮小する一方の日本国内や富裕層にこだわっている時代ではない。日本企業は「新興国の中間所得層」という新たな〝獲物〟に商品開発や営業の照準を移すべきなのだ。

以下、国ごとに今後のビジネスチャンスを探ってみよう。

中国経済「第2ステージ突入」の衝撃

まずはお隣の中国である。IMF（国際通貨基金）は、2012年の中国の経済成長率を8・0％、2013年は8・5％と予想している。

中国はもともと巨大市場であり、有望なビジネスチャンスが予想されることぐらい、十分わかっているという読者も多いかもしれない。しかし、中国経済の「第2ステージ（フェーズⅡ）」を本当に理解している経営者は意外なほどに少ない。

歴史を振り返ると、中国は1992年に当時の最高実力者、故・鄧小平氏の「南方講話」を契機に、「社会主義市場経済」の名の下で経済が急激に発展し、2003～07年は2ケタ成長を記録した。この中国の経済成長の「第1ステージ（フェーズⅠ）」は輸出によるものだった。つまり、世界中が労働力の安い中国を生産基地として使ったのだ。

だが、世界同時不況で中国経済も2008年は輸出が落ち込んで大きく減速した。そこで中国政府は08年11月、鉄道、高速道路、空港、原子力発電所などの大規模なインフラ整備と適度な金融緩和を柱とした、投資額4兆元（約53兆円）に上る史上最大規模の内需拡大策を発表した（2010年まで）。そして緊縮融資を強めていた銀行に一斉に個人部門への融資を緩和させる政策に打って出た。それが奏功し、世界的な金融危機の影響で一度は暴落した上海市場が一気に反騰して世界中の資金が中国に向かった。その結果、個人消費が刺激されて成長率を押し上げたのである。

中国の国家当局の発表をそのまま鵜呑みにしてよいかどうかという点については議論が分かれるだろうが、私は、中国経済が前例のない驚くべき速さで内需転換に成功し、輸出主導の「第1ステージ」から内需主導の「第2ステージ」に入ったと見ている。この輸出主導から内需主導への転換は、日本企業をはじめとする外国企業にとって極めて重要な変化だと思う。

というのも、外国企業は事実上、まだ〝中国国内〟にはしっかりと根を下ろす形では入っていないからである。沿岸部の保税区に進出して製造機械や部品を持ち込み、内陸部から集めてきた低賃金の労働者を使って生産し、輸出していただけである。しかし、中国経済が内需主導の「第2ステージ」に転換したとなれば、外国企業は中国の国内市場に本格的に入っていかねばならない。

ところが、そこには、ほとんど誰も手をつけていないのだ。「第1ステージ」で大活躍した台湾企業でさえ、中国の国内市場にくまなく入り込んでいるのは、『康師傅』ブランドでインスタントラーメンのトップシェアを持つ台湾生まれの食品会社「頂新」と、そのライバルで台湾トップの食品会社「統一」ぐらいだろう。

国内だけで「16万店舗」の企業も

広大な中国の国内市場で商売をするのは並大抵のことではない。

たとえば、頂新が中国でカバーしている小売店の数は約16万に達する。日本では店舗数が最も多いコンビニのセブン-イレブンでさえ1万2700強（2010年2月末時点）でしかない。中国の国内市場で食品や一般消費財を売ろうと思ったら、少なくとも10万以上の小売店をカバーしなければ勝負にならないわけだが、それだけのネットワークを構築するのは至難の業である。

しかも、中国の場合は代金の回収が難しい。先に商品を渡し、後で売掛金を回収するというのは絶対に無理だ。誰も払ってくれない。だから、頂新や統一は基本的にCOD（キャッシュ・オン・デリバリー／代金引き換え渡し）で商売をしている。

だが、CODだと今度は営業マンが小売店から受け取った代金をポケットに入れてネコババしてしまう。キャッシュ・オン・デリバリーならぬ〝ポケット・イン・デリバリー〟である。巨大な小売営業網ともなると、それを完全に防ぐのは不可能に近いだろう。

品質管理や在庫管理も極めて難しい。たとえば食品の場合、クールチェーン（継続的低温流通管理）などの鮮度を保つ流通システムが未完成なので、末端で品質がどうなっているか、全くわからないのである。また、古い品物から先に売りなさいといっても、在庫管理という概念がないから誰もやってくれない。

さらには、外国企業が中国国内でモノを売ろうとしても、ビジネスに必須の「ブランド」「マーケティング」「営業」「販売」といったものを理解する中国人は、今のところほとんどいない。だから経営人材が大幅に不足し、とくにマーケティングや営業の分野では完全に払底している。

「第1ステージ」で成功した台湾企業も、この領域は得意ではない。むしろ苦手である。

日本企業や欧米企業のOEM（相手先ブランド製造）に専念してきたから、台湾以外の場所で、自分のブランドで自分の販売網とサービス網を作って商売をした経験やノウハウがほとんどない。ここが台湾企業の泣きどころであり、今後の大きな課題である。

内需転換して「第2ステージ」に入った中国は、しばらくアメリカに代わって世界経済の牽引車になると思う。となれば、世界中の企業は「第2ステージ」のメンタリティを持って中国に再参入しなければならない。つまり、中国を生産基地として使うという発想から、私が2002年から提唱してきた「中国お客様論」という発想に、いよいよ根本的に切り替えねばならない。

中国の「第2ステージ」という「ビジネス新大陸」で成功するためには、前述したようにブランド、マーケティング、販売、サービスといった「第1ステージ」とは全く違うスキルセットが必要になる。そして、地元の中国企業や欧米企業は2009年以降、急速に中国国内市場シフトを進めている。日本企業も後れを取ってはならない。

中国〝攻略〟には最低20年かかる

では、中国の「第2ステージ」に、日本企業はどのように向き合えばよいのか？

まず、ブランドやマーケティング、販売、サービスといったスキルセットを日本企業が中国で確立しようとすれば、最低でも20年はかかると覚悟すべきだ。

たとえば、パナソニックの創業者・松下幸之助氏がＡＳＥＡＮ（東南アジア諸国連合）の国々や台湾などで自前のチェーンストア（販売店網）を構築していった時は、どの国でも全土をカバーするまでに20年ぐらいかかっている。日本企業のアメリカ進出の歴史を見ても、ほぼ同じ期間がかかっている。現地の商慣習やビジネスノウハウを熟知した人材を育成し、取引先と本当の信頼関係を作り上げるためには、どうしてもそのぐらいの期間が必要なのである。

しかも、これから20年の間に中国は猛烈なスピードで変化する。〝動く標的〟といってもよい。いずれは中国も多くの業界で、メーカーと全国展開の巨大な量販店が直結したアメリカのようなスタイルになる可能性が高いと思うが、今はまだ、その兆しはかすかでしかない。量販店といっても各メーカーにスペースを割り振る程度で、みんなが業態そのものを模索している状態だ。

したがって、日本企業がこれから20年間で中国の国内市場にしっかり根を下ろそうと思ったら、全社の経営資源や経営的なアテンション（注目／トップの時間配分など）の50％を注ぎ込んでも足りないぐらいだ。しかし「中国に50％を投入しよう」などと考えている会社を、私は寡聞にして知らない。せいぜい「味千ラーメン」や「餃子の王将」ぐらいで、他にはほとんどないと思う。

もし、グローバルに事業を展開している日本企業の経営者の心を覗き見るファイバースコープがあったとしたら、おそらく全売上高の50%は日本国内で維持し、残る50%のうちアメリカで15%、中国、ASEAN、ヨーロッパでそれぞれ10%、その他の世界（インド、中東、中南米、アフリカなど）で5%、といった比率になっているだろう。本来なら中国には日本と同じウエートで取り組んでも間に合わないほどなのに、実際は5対1ほどでしかないのである。

さらにいえば、5対1なら、まだマシなほうである。海外事業を任せられる優秀な幹部社員が100人いたとして、そのうち10人を中国に投入する会社は、ほとんどないと思う。社員のほうも長期間は中国に赴任したがらない。

しかし、かつて日本企業は、優秀な幹部社員の大半をアメリカに投入した。たとえば、ソニーは今から35年ほど前、創業者の盛田昭夫氏が将来のソニーを背負って立つと見た若手7人を全員ニューヨークに派遣し、数年間にわたって同じ釜の飯を食わせた。盛田氏自身も一時は家族を連れてニューヨークに移り住んだほどである。そういう意気込みでトップクラスの社員を日本から送り込み、現地に骨を埋める覚悟でやらせないと、中国の国内市場に入り込むことはできないだろう。

「加ト吉」の人材育成法が正解に近い

それでも、日本企業が中国ビジネスを軌道に乗せるのは容易ではない。

その理由は、まず、今の日本企業のトップにはアメリカで育った人が多いこと。彼らはアメリカ以外の国や地域については直接の知識も経験もほとんどないため、ビジネスの勘が働かないのである。

さらに、中国人をうまく使うことは、とりわけ難しい。たとえば、中国人は少しでも条件のよい会社を見つけると、何のためらいもなく転職する。転職は、以前はシンガポールの〝国民的スポーツ〟といわれていたが、今や中国もそうなっている。

しかも、転職するのは気の利く人間だから、残るのは気の利かない人間ばかりになってしまう。有能な人材を定着させるためには、相当なインセンティブをつけねばならない。中国の場合、現地の人材を採用して育成し、戦力化していくのは至難の業なのだ。かてて加えて、うまくいかなかった場合に会社をたたむのも、欧米諸国に比べて格段に難しい。

つまり、中国では日本人を現地に定着させるのも、中国人を日本企業に定着させるのも難しいのである。だからといって日本人を単なる〝お目付役〟として送り込むと、必ず現地の中国人従業員との間で葛藤や軋轢が起きる。中国人をリーダーにしなければ、なかなかスムーズにいかない。それを非常にうまくやった例外的な日本企業が冷凍食品メーカーの「加ト吉」（現在のテーブルマーク）である。同社は日本の大学や大学院に留学している中国人を採用し、日本で育てて中国の本部長や工場長にするというやり方で成功したのだが、そこまでいくのにやはり20年ぐらいかかっている。

一方、いま中国に進出している日本企業の多くは、現地のマネージメントに50～60代の日本人を派遣している。その人たちに「あと20年頑張れ」といっても無理である。

だから20～30代の若手を送り込まねばならないのだが、30代後半になると語学の習得がきつくなるので、できれば20～30代前半が望ましいだろう。あるいは、加ト吉のように中国人留学生を採用し、日本で経験を積ませて中国に送り込むという手法が正解に近いかもしれない。

つまり、人材育成や社員教育でも、大胆なパラダイムシフトができるかどうかが迫られているともいえる。

とにもかくにも、すでに中国経済の「第2ステージ」の幕は切って落とされた。そここにかつてのアメリカ市場と同様の「ビジネス新大陸」が広がっている以上、日本企業もぐずぐずしているわけにはいかない。

振り返れば、日本の高度成長期のプロセスでは、国内基盤を固めた会社が世界でも強くなった。トヨタ自動車、ブリヂストン、富士フイルムなど国内シェアを50％以上押さえた会社に、世界へ出ていく資金の余裕ができたからである。ということは、これから中国の国内市場を制した会社が、世界でも勝つ可能性が高いといえるのではないか。

日本企業は、戦後日本を高度経済成長に導いた経営者たちが焼け跡・闇市からスタートした時やアメリカ市場をゼロから開拓していった時と同じことを、双六(すごろく)でいえば「振り出しに戻って」中国でやるしかないだろう。そのパワーとアンビション（野心）が残っているかどうか——それが今、日本企業と日本のビジネスマンに問われている。

中国よりも魅力的なインドネシア

私は毎年、自分が主宰する経営勉強会で日本企業の経営者約50人と海外に研修旅行に行っているが、2009年の目的地はインドネシアを選んだ。なぜ今、インドネシアなのか？

2009年に入り中国経済が安価な労働力を提供する世界の工場として台頭した輸出主導の「第1ステージ」から内需主導の「第2ステージ」に転換したと先ほど指摘したが、インドネシア経済も中国と同じく「第2ステージ」に突入しているからだ。

しかも、企業にとっては今や中国よりインドネシアのほうが魅力的だ。10年前の労働コストは、中国が月給100ドル弱で、インドネシアは倍の200ドル、タイは4倍の400ドルぐらいだった。だから大半の日本のメーカーが中国に工場をシフトしたのである。

ところが中国では近年、進出企業を取り巻く環境が悪化してきた。まず、内資系企業の賃金不払いなどによって暴動が多発したため、2006年から政府が企業に対して賃金を毎年最低でも15%上げることを通達で強制するようになり、今では平均賃金が月3万円を超えてしまった。政府は「所得倍増計画」を発表して人民に媚びているが、進出する外資にとっては、そんなに急速にやられたら地獄である。広東省の台湾企業・鴻海精密工業で社員の飛び降り自殺が相次いで政治問題化したために、最低賃金だった同社が急遽、賃金を2倍に上げてしまった。これがネットで全国に伝わり、今ではどこの工場でも賃上げ要求運動が燎原の火のように燃え広がっている。交渉すれば賃金が上がるということで、日本企業までがストライキで工場閉鎖に追い込まれているのだ。

そのうえ人民元のレートが徐々に上がってきている。外資系企業は賃金高と元高のダブルパンチに見舞われているわけだ。さらに2008年から施行された新労働契約法により労働者の解雇が難しくなり、弁護士費用ばかりが嵩む、と嘆く企業が増えている。

中国は田舎にまだ約7億人もの労働力が控えているものの、ふと気がつくと、タイやベトナムなどASEAN諸国のほうが労働コストで優位に立っていた。それらの国では、この10年間はあまり賃金が上がらず、現地通貨も下落したからである。

なかでもインドネシアは、月給1万8000円ぐらいで質の高い労働者が雇えるようになった。この旅行に参加した経営者たちはその実態を知って、「中国よりも安いんですか?」と一様に驚いていた。

さらにインドネシアは2004年に就任し、09年に再選されたスシロ・バンバン・ユドヨノ大統領の経済政策が奏功。加えて、スリ・ムルヤニ財務大臣(当時)が過去の脱税を不問に付すことで隠し資産を申告させる〝刀狩り〟によって税収を1・5倍に増やしたことが大きい。つまり、地下経済のアングラマネーを表に引っ張り出し、新たな財源を生み出したのだ。

　そのカネでやったことがまた奇抜だった。官僚の給料を3倍に引き上げたのである。国民は怒りそうなものだが、これによって官僚の腐敗が少なくなった。汚職に手を染める必要がなくなったからである。ユドヨノ再選はそうした改革が国民に支持されたことを示しており、その結果、大統領任期が続く2014年までは現在の勢いが続くだろうということで、海外から投資が殺到しているのだ。

　経済が安定成長に入った結果、国民がモノを欲しがるようになって、数年前から内需が急激に拡大し始めた。つまり、インドネシアはコスト競争力が復活したことで輸出基地としての第1ステージを享受しながら、内需主導の第2ステージに突入したのである。

　私は2008年5月に首都ジャカルタで講演した際、これからは「BRICs」ではなく、インドネシアのIを加えて「BRIICs（ブリークス）」と呼ぶことを世界的に要求すべきだと提案したのだが、今やまさに「BRIICs」の時代に突入しているのだ。世界的な金融危機にもかかわらず、引き続き高い経済成長率を維持するなど、今後もBRICs諸国に劣らない成長が期待されている。

「年率50％成長」を続ける日本企業も

そもそもインドネシアは驚くほど大きな国である。面積は約189万平方キロと日本の5倍以上。国土は東西5100キロ、南北1900キロもあり、東西の総距離は北米大陸横断やヨーロッパ大陸横断にも匹敵する。人口は約2億3800万人で日本の2倍近い。石油、LNG（天然ガス）、アルミニウム、錫などの天然資源に恵まれ、熱帯の気候にマッチした農業も有望である。

にもかかわらず「BRICs」の中に入っていなかったのは、約1万7500もの島からなる世界最大の島嶼国家という地理的条件に加え、種族・言語が多様（300以上の種族と言語があるといわれる）で、宗教も9割を占めるイスラム教の他にキリスト教、ヒンズー教、仏教、儒教が混在する複雑な社会のため、政治的な安定性がなかったからだ。

しかし、ユドヨノ政権下で東ティモールを分離させてからは地域紛争も下火となり、社会が安定してきた。1人当たりGDPも過去5年間で約2倍にまで急伸している。しかも、インドネシアの人々は意外にまだ家電製品などの耐久消費財を持っていない。

一例を挙げると、カラーテレビを所有している家庭は、まだ3割以下だ。日本でいえば1960年代の3C時代以前のような状態なのである。つまり、これから内需が爆発的に拡大するのは間違いないのだ。

島嶼国家だからマーケットが拡散していて攻略が難しいと思うかもしれないが、人口の約6割（約1億4000万人）はジャカルタのあるジャワ島に住んでいる。同島に焦点を絞れば意外に攻めやすい国なのである。

事実、このインドネシアの「ビジネス新大陸」で、すでに大成功している日本企業はいくつもある。

たとえば、ホンダやヤマハはオートバイの売り上げを年々、大幅に伸ばしている。オートバイが〝国民の足〟となっているため日本の大手メーカーのオートバイは飛ぶように売れ、ヤマハの場合にはオートバイの主力工場を浜松からインドネシアに移してしまったほどだ。

あるいは、ユニ・チャーム。同社の主力商品である生理用品や赤ちゃんの紙オムツは、少子高齢化社会の日本国内では衰退産業である。しかし、同社は若い女性の人口が多い東アジアや東南アジアなどに積極的に事業展開し、各国で品質のよさで急成長している。

とりわけ国民の平均年齢が30歳以下で若い女性も赤ちゃんもたくさんいるインドネシアでは、この3年間に年率50％ずつ伸び、今や市場シェアが5割を超えてトップになっている。50％という成長率は、もはや最近の日本では聞いたことがない数字だ。このためジャカルタ郊外の工場をどんどん増築したが、それでも生産能力が足りなくなり、近くに10万坪ぐらいの土地を買って巨大な工場を建てたほどである。しかも、赤ちゃん用の紙オムツは、日本よりもインドネシアのほうが高い値段で売れるというから驚きだ。

研修旅行に参加した経営者たちが「こんな国があったんだ」と認識を新たにしたことはいうまでもない。

30代の若手社員が現地法人で活躍

インドネシアで大活躍している日本企業はまだまだある。

たとえば、大塚製薬の現地法人（P・T・アメルタインダ大塚）は『ポカリスエット』の売れ行きが2004年から08年にかけて年率平均で40％以上も伸びている。日本のように四季がある国ではポカリスエットは夏によく売れるのだが、なにせ赤道直下に位置するインドネシアは1年中夏である。しかも、暑さで疲れた時はポカリスエットを飲めば元気になるという評判が立ち、今やインドネシアの国民的ドリンクになった。このため既存の工場では生産が追いつかなくなり、10万平方メートルクラスの巨大な第2工場を建設している。

また、鹿島建設グループが首都ジャカルタの中心部で手がけている「スナヤン・スクエア」というアジア最大級の都市再開発事業は、ユドヨノ政権になって一気に好転した。ショッピングセンター、オフィスビル、マンション、ホテルからなる大規模複合施設を開発・施工・運営する鹿島建設グループは、インドネシア政府から約20ヘクタール（約20万平方メートル）の土地を40年借りて施設を建設。完成後の運営で投資を回収後、政府に無償返還するBOT（Build Operate Transfer）という民間の開発援助プロジェクトだ。1990年代に計画がスタートし、97年のアジア通貨危機に見舞われて一時は塗炭の苦しみを味わったが、今は順調に利益が出ているという。

アステラス製薬も同国で年率50％の急成長を続けている。実は、同社のインドネシア現地法人（P・T・アステラス・ファーマ・インドネシア）を大きくしたのは私の大学院（ビジネス・ブレークスルー大学院大学）の卒業生（MBA）の長岡秋広さんだ。

長岡さんにインドネシアを選んだ理由を尋ねたら、「アメリカやヨーロッパや中国には、すでに先輩がたくさん赴任しているので、今から行っても下働きしかできません。国内も同じです。若いうちから活躍するためには誰も手を挙げない国がいいと思って、インドネシアを志望したんです」という答えが返ってきた。

彼は設立後間もない現地法人に36歳で赴任し、約8年で業績を何倍にも伸ばして現地法人社長になり、その実績を買われて2009年の夏、44歳で南・東南アジア、オセアニア地区の事業企画を担当するアジア事業本部事業企画部課長に栄転した。

大塚製薬のインドネシア現地法人社長の板東義弘さんも、入社直後にインドネシア勤務を志望している。彼の場合は、インドネシア人の研修生と仲良くなり、一緒にインドネシアへ行きたいと思って人事部長に申し出た。それが実現してインドネシアに赴任し、4年後には現地の社長になっている。

2人の例は、日本企業と日本の若い人たちにとって、よい手本になると思う。

超・親日的な巨大市場を見逃すな

少子高齢化によって人口の増えない日本国内にしがみついていても未来はない。しかし、インドネシアのような将来性豊かな国に行き、40年前に日本企業がアメリカに注ぎ込んだのと同じぐらいのエネルギーを投入すれば、会社は成長軌道に乗り、個人も飛躍できるのだ。３Ｃの普及率が極めて低いインドネシアには高度成長期に入った50年前の日本三つ分ぐらいの巨大な市場がある。その有望な「ビジネス新大陸」を、すぐ近くにいながら座視する手はないだろう。

しかも、インドネシア人が好きな国のトップは日本（75%）で、2位以下を大きく引き離している。昔は反日感情があり、反日デモが起きたこともあるが、今はすこぶる親日的だ。インドネシアにとって日本は最大の貿易相手国であり、最大のＯＤＡ供与国でもある。

さらに、インドネシア企業の部課長クラス以上は、みんな英語ができる。現地の従業員の英語力はグローバル企業にとって非常に重要な要素だが、中国やタイやベトナムでは望めない。これもインドネシアの大きなアドバンテージだ。

インドネシアをはじめとする新興国では、アンビション（野心）というものがまだまだ通用する。現地事情に疎い日本の本社はほとんど放ったらかしにしているから、自分の好きなように仕事ができる。マーケットが縮小する日本では努力しても報われないことが多いが、新興国にはまだまだチャンスが眠っている。要は考え方次第、心の持ち方次第ということになる。

「ロシア脅威論」から「お客様論」へ転換を

北の隣国・ロシアもまた、日本企業にとって巨大な「ビジネス新大陸」の一つだ。

そういうと、日本とロシアの間には、北方領土という重くて抜き差しならない課題が横たわっていると懸念する声が出てくるかもしれない。だが、それはやり方次第で十分、解決可能だと私は考えている。実は最近もそのチャンスがあったのだ。

伏線は、2009年5月のプーチン首相（当時／以下同）来日だった。あの時、プーチン首相は北方領土の「3・5島返還」論（歯舞、色丹、国後の3島プラス択捉の20〜25%を返還する提案。4島を総面積で折半する）を手土産にするつもりだった、と私は見ている。その年2月の麻生太郎首相（当時）とメドベージェフ大統領（同）の会談で合意した「独創的で型にはまらないアプローチ」による解決とはそのことであり、ロシア側が日本側に事務レベルで打診していたと思うのだ。これは、ロシアが中国との国境問題解決に「大ウスリー島の面積半分」という提案をして、長年の懸案を一気に解決した事例に倣っている。

日本人も、いきなりプーチン首相の口から「3・5島返還」論を聞けば新鮮に感じ、北方領土問題は進展を見たかもしれない。ところが、直前になってその情報がリークされたため、日本国内で反発が噴き出して提案できなくなり、プーチン首相の来日は空振りに終わってしまった。このため、同年7月のイタリアサミットで仕切り直しとなったのだが、これも結局、その前に麻生首相がロシア側を逆撫でする発言をしたとして、せっかく高まっていた可能性が霧消してしまった。

国際情報誌『SAPIO』の連載や単行本『ロシア・ショック』（講談社刊）でも少し触れたが、実は今のロシアにとって北方4島というのは、さほど重要ではない。サハリン（樺太）では石油・天然ガス開発のサハリンプロジェクト1・2を進めているが、千島列島の場合、軍事拠点が集中しているカムチャツカ半島に近い部分はともかく、日本に近い部分は日本との国境があるから防衛線を張っているだけで、むしろ北方4島については持て余しているといっても過言ではない。領土問題が決着していないから積極的にロシア人を定住させることもできず、警備艇の配備などでカネだけかかっている。

一方、日本側の漁業関係者にとっては、ロシア側に拿捕されかねない危険な海ではあるが、そのリスクがあるからこそ（密漁やロシア漁船との洋上交換を含めて）自分たちにしか享受できないメリットもあるだろう。北方4島が日本の領土になったら、地場以外の漁師が入ってきて収入が減るし、カニやウニなどの漁業資源も乱獲されてすぐに枯渇してしまう。それよりは国境の海ならではの漁業利権にあずかれる現状維持のほうがベターだ、ということになる。北方領土問題には、そういう複雑な事情が入り組んでいることを理解しなければならない。

ただし私は、そろそろ日本は「ロシア脅威論」から「ロシアお客様論」に転換すべきだと考えている。

ロシアの立場から見ると、日本は〝欲しいものだらけの国〟である。たとえば漁業関係なら、古野電気の船舶用電子機器（レーダー、ソナー、魚群探知機、GPSなど）、冷たいオホーツク海に潜って漁をするためのドライスーツ、漁網……高品質の日本製品は何でもスパシーバ（ありがとう）だ。エネルギー関係でいえば、原子力技術やパイプライン用のシームレスパイプ（日本が世界一の技術を持っている）などは、ノドから手が出るほど欲しいはずだ。

だが、先の金融危機によって今のロシアにはお金がない。だからプーチン首相は、とにかく日本と経済協力関係を結びたい。そのための障害となっている北方4島は2

島先行であろうが3・5島であろうが返還するから、早く平和条約を締結し、極東ロシアだけでなく手つかず状態のシベリア開発も手伝ってもらいたい、と考えているに違いない。

「核弾頭の再利用」でエネルギー100年分

日本側も、より現実的な解決策として、とりあえずロシアが2島を返すというなら返してもらって、さっさと平和条約を結ぶべきだと思う。なぜなら、日本とロシアの間には北方領土問題よりも重要なテーマがたくさんあるからだ。

2島先行返還・2島継続協議であっても平和条約を締結して経済関係や文化関係が緊密になっていけば、必ずロシアの態度は丸くなり、遠からず残りの2島も帰ってくるだろう。実態はいろいろなところにミシン目が入っているのに、いつまでも外務省が4島「オール・オア・ナッシング」のワンパターンでは、何も前に進まないのである。

とくに私が日露協力の最重要課題と考えているのは原子力だ。先の来日時にプーチン首相と麻生首相は「日露原子力協定」の合意文書に署名している。同協定は「核物質・原子力関連資機材などの平和利用を確保」するという内容だが、今後、日本とロシアが原子力で手を組むことは両国にとっても世界にとっても大きなメリットがある。

まず、ロシア側から見ると、古くて構造欠陥のある危険なチェルノブイリ型の原子炉（黒鉛減速沸騰軽水圧力管型原子炉）を廃止して、日本型の加圧水型軽水炉（ＰＷＲ）や沸騰水型原子炉（ＢＷＲ）に転換していくことができる。当然それは日本の原発メーカーの東芝、日立製作所、三菱重工にとって巨大なビジネスになる。なにしろ、これからロシアでは１２００メガワット級の原発が30基（合計15兆円相当）必要だといわれているのだ。

さらに、ロシアがプルサーマル（プルトニウムとウランを混ぜたＭＯＸ燃料を通常の原子力発電所で利用すること）まで進んでいる日本を抱き込むことにより、核兵器の廃絶が推進できることも大きい。ロシアには未だに核弾頭が約３９００発も残っているといわれるが、その中に眠っているウランとプルトニウムをもう一度溶かし、ＭＯＸ燃料に作り直して原発で使えばよいのである。実際、アメリカでは総発電量の約20％が原子力だが、そのうちの20％、すなわち全体の４％はロシアの核弾頭から転用した燃料を燃やしている。アメリカは別に核燃料がなくて困っているわけではなく、これこそまさに「平和の配当」ということで、あえてそうしているのである。

核燃料を作る場合、普通はウランを濃縮しなければならないが、核兵器のウランはもともと濃縮度が高いのでその必要がなく、MOX燃料に再利用するのは簡単なのだ。しかも、それが実現すれば「埋蔵量」は無限に近い。おそらく優に100年はもつと思われるから、もはや核燃料をウランの鉱石から作る必要もなくなるだろう。その作業は、アメリカとロシアが冷戦時代に競い合ってやってくれていたからである。

つまり、核燃料サイクルは、日本とロシアが協力して核兵器を「平和利用」することで完結するのである。

ウラン濃縮と再処理で一石二鳥

日本企業にとって、ロシアと親密な関係を築くことのメリットは、まだまだある。

まず、原発の燃料を作るウラン濃縮の分野である。日本の原発メーカーはプラントや設計概念の輸出に力を入れている。だが、原発は燃料がなければ発電できない。このため原発の建設を予定している国々からは「原発技術とウラン濃縮をセットで供給してほしい」というニーズが高まっている。しかし、日本国内のウラン濃縮能力には限界がある。MOX燃料も現在はフランスに製造してもらっているような状況である。この問題がロシアと組むことで打開できるのだ。

なぜなら、ロシアはウラン濃縮のキャパシティで世界の4割を占める「ウラン濃縮大国」だからである。先述した「日露原子力協定」に合意したことで、日本の原発メーカーはロシアのウラン濃縮のキャパシティを使わせてもらい、原発技術とウラン濃縮をセットで提供できる可能性も出てきたのである。

また、核燃料の後処理でも、ロシアの広大な国土を利用させてもらえばよいと思う。いま原子力に関して日本で最も難しい問題は、使用済み核燃料の中間貯蔵である。使用済み核燃料は、完全に冷えて再処理できるようになるまでキャスクという長さ5～6メートル、直径2～3メートルの円筒形の金属容器に収納し、50年間にわたって貯蔵しておかねばならない。ところが、その中間貯蔵施設が、自治体の合意をとることが難しいために、まだ日本にはないのである。今は原子炉の中のプールという〝仮の住まい〟に置かれたままの状態になっている。さらに核燃料の再処理も、青森県六ヶ所村の工場が全部立ち上がったところで、日本国内で再処理できる量は全体の1割ぐらいがせいぜいだ。

その使用済み核燃料の中間貯蔵施設や再処理工場を、シベリアの永久凍土に建設させてもらうのである。ロシアの場合、日本と違って地元の自治体や住民のコンセンサスは必要ない。なにしろ周辺50キロ以内に人間が1人も住んでいない場所が山ほどあるのだから。

ただし、これらのことは、すべて日本とロシアが北方領土問題を解決し、「平和条約」を締結しない限り不可能だ。未だに〝戦闘状態〟のままの国に核燃料を渡してしまうわけにはいかないのである。だが、逆にいうと、平和条約を結んで日露間に互恵関係が生まれ、ロシアを日本国内に準ずる安全性が確保できる場所として使えるようになれば、日本の原子力に関する問題の多くは、解決してしまうのである。

日本では〝敗者〟でもロシアでは大活躍

日露関係が親密になってメリットがあるのは、原子力産業だけではない。ロシアは何よりも日本の技術と部品を欲しがっている。一方、いま日本には業績が低迷して株式市場から見放されてしまったジリ貧状態の下位メーカーがたくさんある。上位メーカーにも切り捨てるべき不採算部門が多い。そこで、それらの会社や事業部をロシアに買収してもらうのだ。

ロシアは民生部門の産業が、すべての分野ですさまじく遅れている。重工業も軽工業も、企業の技術力や生産設備は日本の50年以上前の水準だ。かたや日本企業の場合、競争に敗れた下位メーカーや事業部であっても、技術力、商品開発力、部品調達能力、人材力などは上位メーカーと遜色がなく、世界的に見ても非常にレベルが高い。そういう意味では「敗者必ずしも劣者ならず」である。そして、そんな会社はロシアのどこにも存在しない。

日本企業の力をもってすれば、簡単に立て直せるロシア企業は山のようにある。日本のミスコンではランク外でも、ロシアから見たら「とびきりの美人」なのだ。GM（ゼネラル・モーターズ）傘下にあったオペルは、ロシアの自動車メーカーGAZがカナダの自動車部品大手マグナと組み、ロシア国営大手銀行ズベルバンクが資金を提供する形で買収しようとした（結局、自力再建を選んだ）が、それと同じように、ロシア企業としてみれば、買える日本企業があるなら、すぐにも買いたいはずである。ただし、世界金融危機によってロシア企業も当面はキャッシュがあまりない。それについては日本の銀行がファイナンスして買収資金を出す仕組みにすればよいだろう。

ロシア企業による買収は、買収される日本企業にとっても大きなメリットがある。

日本では敗者でも、ロシアに行けば間違いなく大活躍できるのだ。日本の技術者たちが本当にロシアへ行ってロシア企業の立て直しをやれるかどうかはわからないが、日本国内で〝座して死を待つ〟より、将来は絶対に明るいはずである。これまた心の持ち方ひとつ、ということになる。

日露「ビジネス安保」を構築せよ

ここまで私が述べてきたことをすべて実行に移していくと、日本にとってロシアはかけがえのないビジネス・パートナーになるだろう。日本が人口1億4300万人のロシアで地歩を固めると、日本企業の市場が広がるだけでなく、ロシアを通じてEUにも楔（くさび）を打ち込むことができる。いま動けば、韓国や中国に対しても圧倒的に有利になる。

要するに、日本とロシアの経済協力は、あらゆる分野で「Win-Win」の関係であり、日露間に全く新しい「ビジネス新大陸」が浮かび上がるのだ。そこのところを日本はもっと理解して、ロシアと仲良くしていかねばならない。軍事面ではすでにアメリカとの間に日米安保があるのだから、ロシアとは経済面を軸に〝日露ビジネス安保〟を構築すべきだと思うのである。

その一方で、2009年6月にロシアを訪問した中国の胡錦濤主席は原子力をはじめ1000億ドル（約9兆1000億円）の商談をアッという間にまとめてしまった。貿易決済もドルではなく両国の通貨でやろう、という話し合いも開始している。わだかまりがなければ商談がいくらでも成立する、という好例である。いつまでも北方領土問題に拘泥して、自ら住む場所を狭くしている日本を嘲笑っているかのようである。

自民党から民主党に政権が移り、再び日露関係は膠着状態に戻ったかに見える。もう一度「ビジネス新大陸」の視点から捲き返すような新たなリーダーの登場が望まれる。

ウクライナはIT産業レベルの高さが魅力

かつてソ連邦の一員だったウクライナも、非常に魅力的な国の一つだ。しかし、いまウクライナは、経済も政治も混乱の極みにある。

国内経済は、リーマン・ショック後の世界金融危機に伴う新興国からの資金の引き揚げが引き金となって急速に悪化し、IMF（国際通貨基金）に緊急支援を受ける事態に追い込まれた。

政治は、歴史的に国土の東側が親ロシアで、西側が親欧州と真っ二つに割れているため、ある時は親露派が勝ち、ある時は親欧派が勝つという、やじろべえのような不安定な状態が続いている。連立政権を組んでいた〝親欧派〟のヴィクトル・ユーシチェンコ大統領とユリア・ティモシェンコ首相は仲たがいをして連立を解消。2010年の大統領選ではお互いの足を引っ張り合う形で、〝親露派〟である野党・地域党のヤヌコービッチが新大統領に当選した。

だが、それでもなおウクライナはリスクを取る価値が十分ある、というのが私の見解だ。

その理由は、いくつもある。まず、ウクライナは巨大で国力が強いということ。国土面積は60万3700平方キロ。日本の約1・6倍で、ヨーロッパではロシアの次に大きい。

人口は4600万人。旧ソ連が分裂したCIS（独立国家共同体）諸国の中では、やはりロシアに次いで多い（現在は準加盟国）。世界一の鉄鉱石の埋蔵量とドネツ炭田をはじめとする豊富な石炭を背景に、旧ソ連時代から鉄鋼、機械、兵器、化学などの重工業地帯として栄えた産業基盤があり、大学も多くて人材が優秀だ。現在はＩＴ産業のレベルがロシア並みに高く、アメリカなどのＩＴ企業が支店を置いている。しかも、労働コストは安く、工場労働者が月３万〜５万円、ＩＴ産業でも同７万〜８万円だ。

さらに、私が最も注目しているのは「農業」だ。ウクライナには、農地としては最上級ランクのチェルノーゼムという非常に肥沃な黒土が広がっている。しかも、オーストラリアなどのように土壌は良質だが水不足、ということもない。水量豊かなドニエプル川が国土を縦断して滔々と流れているからだ。これほど農作条件に恵まれた国土は世界でも極めて珍しい。それゆえ旧ソ連時代は、世界有数の穀倉地帯と呼ばれていた。

ところが、今や穀倉地帯は影も形もない。私は過去に２回、ウクライナの農地を視察しているが、見渡す限りの荒れ地が広がっているだけだった。不思議に思っていたので、日本の農林水産省に相当するウクライナ農業省を訪れて次官に話を聞いたところ、ようやく理由が判明した。１９９１年にソ連が崩壊してコルホーズ（集団農場）を解体した際、政府は農地を分割して、農民たちに与えた。しかし、農民には資金も経営力もないから、自分たちの食いぶちを作る程度の家庭菜園のような零細農業になってしまった。しかも、ウクライナには資本がなく、外国人は農地を買うことができないため、残りの土地は耕されずに草ぼうぼうのまま放置されていたのである。

そこに登場した異色の経営者が、リチャード・スピンクスというイギリス人起業家だ。彼こそはリアル版の「ビジネス新大陸」を歩く達人である。

英国兵を使って「世界一安い」作物を生産

スピンクス氏は16歳でイギリスを離れ、40代半ばとなる今日まで世界をさすらいながらビジネスを展開してきた〝国境なき起業家〟である。その手法は、数年以内にEU加盟が予想される国に行って売上高利益率50％の荒稼ぎをして、その国がEUに加盟したら、次にEU入りしそうな国へと引っ越す、というパターンだ。

ウクライナに来る前はポーランドで、ロシアから輸入した安い魚を冷凍食品にしてスーパーなどに高く売り、大儲けをしていた。しかし、２００４年にポーランドがEUに加盟したため、新たなビジネスチャンスを求めてウクライナにやってきた。そして私と同じく、農地が荒れ放題になっている状況に疑問を持ち、農民と話している間にリースなら可能だということ、つまり農民から土地をリースして自分で農業をすればよいということに気がついた。さっそく彼は、ある村で農民からリース契約を集め、その見返りとして学校や病院、消防署などをつくってあげた。すると、他の村の農民たちも同じことをやってほしいと頼みにきて、次々に自ら進んでリース契約にサインした。政府も自主的にインフラ整備をしてくれる彼の事業を歓迎した。農民にとっても政府にとっても、ありがたい話だったわけである。以来、現在までに集めた契約は、なんと36万人分に達しているという。合計面積は約1000平方キロ。これは東京都の半分ぐらいに相当する。

この広大な農地を耕すためにスピンクス氏は世界一大きいコンバインなど最新の農業機械を導入し、イギリス陸軍の兵士を900人雇用して連れてきた。兵士を雇った理由は、命令に従ってマニュアル通りの仕事をこなすから。つまり、決められた時期に決められた種や苗を植え、決められた肥料をやり、決められた期間に収穫し、戦車と似たような機械を動かす農作業には、兵士が一番向いているというわけだ。兵士のほうも、給料が同じならイラクやアフガニスタンに行くよりはウクライナで農業をしたほうが安全だということで、簡単に集まったそうだ。

彼の会社「ランドコム」は、どんな作物でも世界のどこよりも安くできる、というのが売りである。たとえば大豆なら、貨物船を1隻チャーターして黒海のオデッサの港から積み出す最低単位の3万トンまとまれば1トン＝250ドル、すなわち1キロ＝25セントで作ってあげるといっていた。たしかに破格である。

スピンクス氏はウクライナの「農業王」になって、イギリスの取引所に上場するまでになった。まさに絵に描いたようなサクセス・ストーリーである。その後、彼は穀物よりもバイオ・フューエルが有望だということで、ランドコムを離れ、菜種油で燃料を作る「アルターナティバ」という会社を興している。〝さすらいの起業家〟の面目躍如といった感じである。ウクライナには、そういうビジネスチャンスが溢れているのだ。

今はヤヌコービッチ政権下で、ロシアに急接近しているが、いずれウクライナはEUに加盟すると私は見ている。グルジア紛争が起きたことで、ウクライナの人たちはEU加盟を急ぎすぎるとロシアの戦車が入ってくるかもしれないと警戒して慎重になっている（人口の17％、約800万人がロシア人）。旧CIS諸国のよしみでロシアから石油と天然ガスをEU諸国の半値ぐらいで供給してもらっているという事情もある。それでも、あと何年かでEU入りするのは間違いない。それまでに日本企業もウクライナに打って出るべきだと思う。

スピンクス氏は、こう話していた。「政治や経済が混乱していない国の真っ当な成熟市場には、もはや（前年比で）10％以上儲かる商売はない。だから私はEUに加盟する前の混乱している国に行く。そういうところにしか50％の利益を上げるチャンスはないのだ」と。この話を聞いた日本の経営者たちは呆気にとられていたが、「ビジネス新大陸」ではリスクを取らない限り〝成功の鍵〟は手に入らない、ということを肝に銘じるべきである。

ルーマニアはEU加盟が外資の呼び水に

ウクライナと国境を接するルーマニアも、もっと注目されてよい国だ。2008年まで7％前後の高い経済成長を続け、リーマン・ショックで急失速したものの、その後は新興国ならではの底堅い動きを見せている。

ルーマニアは国土面積が約23万8000平方キロで、日本の本州とほぼ同じ大きさ。人口は約2000万人だが、そのほかに約600万人が海外で生活している。共産主義時代にニコラエ・チャウシェスクの独裁政権下で経済が破壊されて貧しかったため、国民はフランス、イタリア、スペイン、アメリカなど様々な国に働きに出て稼いだお金を国内に送金し、家族や親戚を養っていくという「出稼ぎ経済」の国だった。1989年のルーマニア革命でチャウシェスクが公開処刑されて民主化した後も経済は低迷していた。ところがその後、急成長軌道に乗った。

なぜか？　2007年1月1日、隣国ブルガリアとともにEUに加盟したからである。EUのメンバーになると、インフラや生活水準が加盟国の平均値を下回っている国あるいは地域に対して、その格差を均衡化するための補助金（日本の地方交付税のようなもの）が、ブリュッセルの本部から配分される。それがルーマニアの場合は年間4000億円ぐらいずつ5年間、合計約2兆円入ってくる。そのお金が呼び水となり、さらに世界中からお金が集まるようになったのだ。

その恩恵を最も受けているのは、EU加盟前からルーマニアに進出していたオーストリア、ギリシャ、トルコ、イタリアなど近隣諸国の企業や起業家である。社会主義計画経済が崩壊して国営企業が民営化された時、お金のなかったルーマニア政府は国営企業を売りに出した。それを青田買いした外資や、不動産を格安なうちに買いまくった起業家などが、EU加盟で濡れ手に粟の大儲けをしている。

たとえば銀行の上位10行を見ると、ギリシャのアルファバンクをはじめ半分以上が外国資本だ。石油会社のトップはオーストリア企業で、建設はアンカーというトルコ最大のゼネコンが市場を席巻している。

また、ギリシャ人の友人は2005年、首都ブカレストにできたショッピングモールの経営権を約7000万円で買い、そこにナイキやDKNY（ダナ・キャラン・ニューヨーク）など有名ブランドのテナントを入れた。すると、お客さんが山のように押し寄せて大繁盛し、モールの経営権はルーマニアがEUに加盟した07年夏に約40億円で売れた。7000万円が、わずか2年で60倍近くになったのである。

前述したイギリス人起業家リチャード・スピンクスに倣えば、いまヨーロッパで成功する秘訣は、これからEU加盟が予想される国に加盟の少し前から投資して、加盟したらすぐに売り抜けることなのだ。言い換えれば、果敢にリスクを取って乗り込んで行った者が勝つのである。もちろんギリシャ危機以降は、「国家」の持ついろいろな要因（ソブリン・リスク＝政府や中央銀行など国家に対する信用リスク）を見極める必要が、以前にも増して高まっている。だが、ひっくり返っている今こそ「買い時」だと考える人間が、こうした危機に見舞われた国々を虎視眈々と狙っていることも事実なのだ。「ビジネス新大陸」はサイバースペースだけでなく、EUとEUでないところの境界というリアルワールドにも一大チャンスが存在しているわけだ。

人件費月3万円で〝中国依存症〟から脱却

ルーマニアがEUに加盟したことによって、EUの先進諸国の間には大きな心理的な変化が起きている。いわゆる〝中国恐怖症〟や〝中国依存症〟がなくなりつつあるのだ。なぜなら、ルーマニアの人件費はまだ月3万円ぐらいだからである。しかも人口が約2000万人で、今後は海外に出稼ぎに行っていた外国語のできる人たちも祖国に帰ってくるだろう。EU域内にありながら人件費が安くて労働力も豊富なルーマニアで製造すれば、他のEU諸国に持ち込んでも関税はかからないので、中国に頼る必要はなくなる。これはEUで事業を展開する企業にとって非常に大きなメリットだ。

このため、EUでは工場を西欧からルーマニアに移す企業が相次いでいる。たとえば、携帯電話機器メーカーのノキアはドイツにあった6000人の工場を閉鎖してルーマニアに新工場を建設した。ルーマニアに進出した日本企業で一番有名なのはベアリングのジェイテクト（旧・光洋精工）だ。2004年には同社の井上博司会長（当時）が国家勲章を受章している。EU加盟後に進出した日本の電動工具メーカー・マキタのある社員は「中国は今後も非常に重要だが、ヨーロッパ向けの製品については遠からず全部ルーマニアでまかなえるようになるのではないか」と話していた。ところが日本企業は、ジェイテクトやマキタ以外はあまり見当たらない。その後、徐々にJTなど日本企業も進出しつつあるが、アジアで進出企業が多いのは、1位が韓国、2位が中国、3位がインドである。EU外縁部の「ビジネス新大陸」で、日本は完全に出遅れてしまった。

ルーマニアの発展は始まったばかりで、今後の成長の可能性は地域別に見ると大きく分けて三つあると思う。

まず、ブカレストは教育レベルの高い学術都市なので、知的産業が集積するだろう。次に、ドラキュラ伯爵で有名な北西部のトランシルヴァニア地方。この地域には、ノキアのようなEU向けの数千人規模の工場であれば、中国に負けないコストで立地できる町がいくつもある。そして、世界遺産に登録されているドナウ・デルタ。ドナウ川が黒海にそそぐウクライナとの国境に位置するヨーロッパ最大にして、手つかずの自然が残っている三角州だ。無数の湖や沼地がある広大な湿地帯に45種の淡水魚、約300種の鳥類が生息し、世界中から何百万羽もの鳥がやって来る。ここはエコ・ツーリズムの分野で、これから非常に価値が上がって注目を集めるに違いない。

さらに、ルーマニアは農産物や畜産物が美味しくて安い。私たちはワイナリーを訪れて併設のレストランでランチを食べたが、そこで供された肉や野菜は実に美味だった。

なかでも予想をはるかに超えていたのが赤ワインだ。そのワインの値段はワイナリーの売店で1本約500円。日本でも500円前後のワインは売っているが、味が違う。ルーマニアのそれは、イタリアの高級ワインと比べても遜色ないほど深みがあってバランスがとれているのだ。ワインをはじめとする農産物や畜産物の国際競争力は、かなり高いといえる。

しかも、ルーマニアは外資に対する政府の干渉が極めて少ないので、外資はかなり自由に活動できる。アルファバンクの投資銀行部門のスタッフに聞いたところ、面白そうな投資案件もたくさんあった。

私がもう少し若かったら、自分で行って事業を立ち上げたいほど、この国は魅力に溢れている。

海外進出には「マインドセット」改革を！

企業が海外の新しい市場に進出するという場合、非常に重要になってくるのが「マインドセット」、すなわち社員たちの「ものの見方、考え方」だ。

海外に赴任する場合、その新しい赴任先に着いたら、まず「現地の人たちのほうが自分たちよりも優秀なのだ」と自分に信じ込ませる。すると、現場と同じ目線で、職場の問題点が眺められることが多いのだ。

しかし現実には、新たな赴任者は往々にして、先に出向している日本人社員の〝肩越し〟から現地社員を見る。そうすると、どうしても最初から偏見や先入観を持ってしまう。「とんでもない現地社員ばかりいて大変だ」「こいつらを叩き直さなくてはいけない」といった見方になる。当然、相手もその視線を感じて、最後までぎくしゃくした関係が続いてしまうのだ。

仮に、現地社員が実際に優秀ではなかったという場合、何が問題なのか。原因は二つある。一つは、単に優秀ではない人材を雇用したこと、もう一つは社内で現地社員に対してきちんとした採用活動や育成をしていないことだ。現地社員は優秀なのだという視点を持って公平な目で見れば、実際にはやはり現地社員のほうが優秀だったということが多いのである。

このマインドセットの偏見をなくすことがどれほど重要かを伝える例として私が思いついたのが、いささか旧聞に属するが、バンクーバー五輪での女子フィギュアスケートの浅田真央選手と韓国のキム・ヨナ選手の対決だ。日本中の耳目を釘付けにした2人の対決は、キム・ヨナ選手の勝利に終わったわけだが、対決後しばらくはトリプルアクセルなど大きな技に果敢に挑戦した浅田選手が過小評価され、安定度最優先でまとめただけのキム・ヨナ選手が高く評価されるのはおかしい、という批判が日本のメディアに溢れた。

実は、私はあの決勝の前日に、浅田選手ではなく、キム・ヨナ選手を応援しようと考えを改めた。あえて自分のマインドセットを切り替えてみたのだ。もちろん、私は同じ日本人として浅田選手は素晴らしい才能を持ったアスリートだと思うし、大好きな選手でもある。しかし、そうした先入観をいったん全部捨てて、キム・ヨナ選手側に立って2人の演技を観た。すると、キム・ヨナ選手の演技のほうが勝っていることは明らかだった。

企業が世界化していく時に大切なのも、そうした心の中に宿る先入観や偏見をいかに取り除いていくか、ということなのだ。

とはいえ、日本企業の国際化は、実は昔以上に難しくなっている。海外、とくに急成長が期待される新興国・途上国ほど、赴任を希望して手を挙げる若手社員がどんどん少なくなっているからだ。現地でどう対処するかというマインドセットの改革どころか、その手前の段階で、日本人の根本的な考え方を変えなくてはならない事態に直面しているのである。

この問題については、第5章の「人材力」のところで、もう少し踏み込んで考えてみたい。

第4章

真の埋蔵金＝潜在需要はここにある

（規制撤廃が生む鉱脈）

無限のアイデアを生む「戦略的自由度」

プロローグで簡単に述べたように、サッチャー元首相は1人でイギリスの〝空の色〟を変えた。それは外国の力を活用したからできたことである。では、日本の空の色を変えるには、どうすればよいのだろうか？

ここで私は『企業参謀』（1975年刊）の中で提案した「戦略的自由度」（SDF＝Strategic Degrees of Freedom）という手法を応用したい。戦略的自由度とは、現実的に見て戦略を立案すべき方向の数のことで、たとえば、自動車の場合は自由度2で、人間工学的改善と制動装置改善の二つがある、というように用いる。この戦略的自由度を使って発想すると、新しいアイデアが限りなく出てくるのだ。

ダメな経営コンサルタントは、傾いたタイタニック号のデッキで椅子を並べ替えるのがコンサルタントの仕事だと思っている。つまり、問題の「原因」を見ずに「現象」を見て、この事業はやめましょうとか、こちらの分野を伸ばしましょうとか、すでにあるものを加減したり改良したりするだけで、新しいものは何も創り出さないのだ。

戦略的自由度の発想方法は、まず「目的は何か?」と質問する。言い換えれば、お客さんは何を求めているのか、つまり、お客さんがその商品を買おうと意思決定する時に最も重要な要素は何か、ということを最初に考える。そして次に、その目的を実現するための方法を調べ、いくつかの打ち手（自由度）が見つかったら、その中で一番コスト効率がよく、お客さんにとっても一番インパクトが大きいものを考えていく、という手順である。

たとえばカメラの場合なら、目的は「より高性能にする」や「もっと安くする」や「デザインを変える」ではなく「よい写真を撮る」である。では「よい写真を撮る」という目的を達するために可能な打ち手は何かといえば、昔のカメラにおいては、レンズ、焦点、絞り、フィルム、現像などの自由度がある。その中のどれをいじった時に最も安いコストで最もよい写真を撮ることができるか、を考えるわけだ。デジタルカメラでは、こうしたことがすべて自動的になっているが、実はメーカーが必死になってこうしたパラメーター（変数値）の最適化をプログラムの中に入れているのである。

ラップトップPCほか「定番」開発の秘訣

この戦略的自由度という手法を私は『企業参謀』の続編『続・企業参謀』(1977年刊)で確立し、それを活用して新商品を次々と生み出した。一時は、秋葉原などの家電量販店に行くと、私が開発に携わった商品が三つも四つも並んでいたものである。

たとえば、パソコンの場合、目的は「売れるパソコンを作る」だった。私は、持ち運びができるコンパクトで軽いパソコンを作れば爆発的に売れるはずだ、と考えた。なぜなら、当時のパソコンは大きくて重くて持ち運びができなかったからである。コンパックという会社が小型パソコンを作ってポータブルパソコンと呼んでいたが、それは実際にはCRT(ブラウン管)モニターだったのでポータブルではなくトランスポータブル(持ち運ぼうと思えば不可能ではない、というレベルの代物)だった。トランスポータブルから本当のポータブルへ。それが我々の開発の至上命題となった。そのためには本体を小型化・軽量化するだけでなく、CRTを使わない方法を考えなければならない。そこで本体と液晶モニターとキーボードが一体化したラップトップパソコンのコンセプトを考え出したのである。

コーヒーメーカーの新製品開発にもかかわった。この時は目的が「美味しいコーヒーを淹れる」であることはいうまでもないので、それに対する自由度を調べていったところ、コーヒーの味に最も大きな影響をもたらす要素はコーヒーの豆ではなく、水だということがわかった。つまり、塩素の入った水道水を使ったら、どんなに高級な豆で淹れても、美味しいコーヒーはできないのである。

そこで、私は水道水から塩素を取り除くための浄水機能をパーコレーター（加熱したお湯を内部のパイプに循環させてコーヒーを抽出する器具）に組み込むことを提案した。さらに、水の次には豆を挽いてからの時間と粉の粒径（粗すぎても細かすぎても美味しく抽出できない）が非常に重要だということもわかったので、コーヒーを淹れる直前に豆を適度な粒径に挽くためのグラインダーもパーコレーターに内蔵した。その結果、この商品はコーヒーメーカー市場でシェアを一気に拡大し、浄水機能とグラインダーの付いたパーコレーターが世界標準になったのである。

ヒット商品は、身近なところに隠れている

戦略的自由度を使って新薬も開発した。といっても開発に時間がかかって認可も難

しい医者向けの新薬ではなく、私たちが日常的に遭遇する体の不調に効く一般消費者向けの新商品を開発したのである。

その方法は、まず500人ぐらいの社員に、自分の体の不具合や不快感を毎日1年間、日記につけてもらった。たとえば、頭痛や腹痛、扁桃痛がした、二日酔いで会社に行くのが苦痛だった、寒い朝に起きるのがつらくて遅刻した、といった様々な症状をすべて書き出してもらったのである。そのデータを、どんなことが、どういう頻度で起きているのか、カテゴリーに分けて細かく整理した。そして、それぞれの症状の原因を医薬の専門家に解説してもらい、次にその症状を防ぐ方法や治す方法は既存の薬の中にないのかと質問した。

すると驚くべきことに、8割以上はすでに有効な薬が存在していた。しかし、薬局の店頭に並んでいる市販薬の中にはない、ということがわかった。そのため、既存の薬を組み合わせることにより、開発に時間がかからず認可も易しい新商品を次々と出すことができた。画期的な新薬を開発しなくても、身近なところにヒット商品や売れ筋商品があったわけである。

これらのアイデアを出す時に私が使った手法は、戦略的自由度だけである。逆にいえば、最初に「目的は何か?」と質問するだけで、本質的な答えや解決策が導き出せるのだ。ところが、大半の会社は「目的は何か？」と質問しないので、本質的な答えや解決策にたどり着かない。なぜなら、先輩のいうことを聞いて前例を踏襲し、従来と同じレールの延長線上を走るからだ。そういう旧弊を打破するためにも、戦略的自由度という手法は非常に重要かつ有効なのである。

「戦略的自由度」を国の政策に応用すると

さて本題に入ろう。日本経済をどうするか？　かつての自民党政権は政策づくりを官僚に〝丸投げ〟していたので、首相が代わっても政策は包装紙の色を変えた程度のわずかな違いしかなかった。

２００９年の政権交代で大きな変革が起きるのではないかと期待されたが、民主党政権も裏で財務省を使いながら表向きは政治主導に見せかけた「事業仕分け」という茶番劇によってマスコミや国民の目をごまかしているだけで、根本的な政策は自民党政権時代とほとんど違いがない。それどころか２０１０年度予算の一般会計総額は過去最大の92・3兆円に膨らみ、新規国債の発行額も過去最大の44・3兆円に達してしまった。

「官僚支配からの脱却」「コンクリートから人へ」といった民主党のキャッチフレーズも、目的ではない。手段である。いったい民主党は何をやろうとしているのか、日本をどういう国にしたいのか、ということは、さっぱりわからない。

民主党政権が日本経済を成長させたいなら、私が企業経営の世界で長年使って実際に数々の成果を上げてきた戦略的自由度という手法を、国の政策づくりに応用すべきだと思う。そうすれば、本質的な答えや解決策に繋がる新しい考え方やユニークな戦略が次々に出てくるはずである。

その時に、まず前提となるのは、今のところ日本は〝突然死〟するような状況にはない、ということだ。なぜなら日本はアメリカやギリシャとは異なり、海外から借金をしていないからである。

アメリカの場合、クリントン政権以降16年間の繁栄は、海外からの借金によるものだった。いわば、他人のふんどしで相撲をとっていた。米ドルや米国債という〝約束手形〟も乱発していた。したがって、もし海外から借金できなくなったり、約束手形が不渡りになったり（＝米ドルの信用がなくなって米国債の格付けが下がったり）したら、その途端に破綻してしまう。つまり、アメリカは構造的に突然死する危険性があるわけだ。

一方、日本はそういう構造ではない。国債残高が７００兆円を突破して国民１人当たりの〝借金〟（公的債務残高／国債や借入金の合計）が約７００万円に達し、財政再建が焦眉の急となってはいるが、他国からの借金である「対外債務」はほとんどない。日本の国債は大部分を国内の銀行や生損保、公的年金などが保有しており、海外投資家の保有比率は約８％にすぎない。自国民とその子孫からは借金をしているが、海外からは借金をしていないのである。そういう国は、世界にほとんどない。だから経済政策は、少しぐらい時間がかかっても、腰をすえて、やるべきことをやればよい。慌てふためく必要はないのである。

国は〝患部〟以外を緊急手術するヤブ医者

ところが、日本政府は「緊急経済対策」ばかりやっている。なぜなら、通常の年度事業計画の中に入れることができない無駄遣いを補正予算や第２次補正予算でするためには、「緊急」という名目が必要だからである。緊急経済対策を繰り返した結果、１９９８年末の時点で４２７兆円だった公的債務残高が、２倍以上の１０００兆円近くに膨れ上がってしまった。

日本を病人に喩えると、以前より衰えてはいるけれども、実はけっこう健全で、ゆっくり体質改善をすれば元気になる段階の症状だ。つまり、明日死ぬかもしれない、という状態ではないのである。バブル崩壊以降、効果のない不要な緊急手術を何度もやったから、そのダメージが蓄積して体が弱ってしまっただけである。要は〝医療過誤〟であり、医者（政府）がヤブ医者なのである。

しかも、緊急でやるということは、逆にいうと、もともと計画していなかったことをやるわけだから、できることは限られてくる。たとえば、新たに土地が必要となる公共工事は、北海道や沖縄などの用地取得が容易な田舎しか緊急経済対策の対象にならない。しかし、最も緊急経済対策が必要で、最も費用対効果が大きいのは大都市である。なぜなら、そこには人が大勢いてニーズもたくさんあるからだ。また、これまで何もやってこなかったので、やらなければならないことが溜まっているからだ。

たとえば、東京には「開かずの踏切」（ピーク時の遮断時間が1時間当たり40分以上の踏切）が約260か所もあり、全国の約半数を占めている。あるいは、阪神・淡路大震災のような大地震が起きた時に液状化する地域や道路が狭くて消防車が入れない地域が、下町に山ほどある。それらの問題を改善すれば、東京は今より格段に住みやすくて安全・安心な都市になり、その恩恵を受ける人は非常に多い。しかし、東京は緊急経済対策の対象になったことがないので、そういう問題は全く改善されていない。要するに、政府という医者は、患部でないところばかり緊急手術しているのだ。

福井俊彦・前日本銀行総裁によれば、バブル崩壊後に「緊急」と称して経済対策に費やされたカネは300兆円に上る。これは実に莫大な金額だ。たとえば、リーマン・ショックで破綻したアイスランド経済の立て直しは、3兆円でお釣りがくる。あるいは、オバマ大統領が実施したTARP（Troubled Asset Relief Program）と呼ばれる不良資産救済プログラムが約60兆円、オバマプランの景気刺激策でも100兆円にすぎない。今のヨーロッパの危機は最大で見積もっても150兆円と推計されているから、300兆円もあったら簡単に一掃できるし、ドイツなどでは10兆円のギリシャ支援の見返りにエーゲ海の島をよこせ、などという人もいる。ところが自民党政権は、GDPの60％にも匹敵する300兆円の大半を意味のない手術、すなわち景気浮揚効果の小さい田舎の公共工事に使ってしまった。なぜ、そうなったのか？　やりやすいところからやるからだ。

個人金融資産があれば簡単には死なない

こんな英語のジョークがある。

暗い夜道を歩いていたら、誰かが街灯の下で探し物をしている。

「何か落としたんですか？」

「財布を落としましてね」

「じゃあ、私も一緒に探してあげましょう」

2人で懸命に探したが、一向に見つからない。

「ここで落としたのは確かなんですか？」

「いや、どこで落としたかわからないんですよ」

「では、なぜここで探しているんですか？」

「ここに街灯があって探しやすいからです……」

日本の緊急経済対策は、これと同じなのだ。つまり、道路や橋などを、造りやすいところから造っているだけで、人々のニーズや経済低迷の原因などを全く考えていない。目的と手段を混同している。２００９年の政権交代で少しは変わるのかと思ったが、民主党のマニフェストも〝無駄遣いのアイデアコンテスト〟にすぎない。だから前述したように、2010年度予算の一般会計総額も新規国債発行額も過去最大になったのである。

しかし、考えてみれば、もともと計画していなかったことに300兆円も無駄遣いができる国、これほど失政を続けても緩慢にしか衰えない国というのは世界のどこにもない。要するに、まだ日本は体力があって、そう簡単には死なないのである。

なぜか？　最大の理由は、国民の個人金融資産が1400兆円もあるからだ。いずれ官僚は国民を騙してそれを食いつぶすだろうということで、外国から見ると1400兆円は国の蓄えに見えるのである。しかも日本の場合、個人はあまり将来から借金をしていない。たとえば「団塊の世代」（1947〜49年の第1次ベビーブームに生まれた世代。約800万人に達する）は、総額約80兆円の退職金を手にする。借金が約20兆円あるから、それを差し引くと正味約60兆円が彼らの手元に残る。さらに自分の貯金、年金、生命保険があって引退生活に入る。これも個人金融資産を目いっぱい抵当に入れて住宅や（引退後のための）別荘などに替えてしまっているアメリカとの大きな違いである。

つまり、海外から見ると日本は〝世界で最も安定した国〟なのだ。バブル崩壊で奈落の底に落ちたはずだったが、未だにしぶとく生き残っている。2008年のリーマン・ショックでも、アメリカやヨーロッパのような金融破綻は起きなかった。ずっと政治が無為無策で不況だ、低成長だといいながら、依然として経済は混乱していない。だから、ここにきて日本に対する世界の信頼が厚くなり、世界で最も公的債務残高が多い国であるにもかかわらず、円が強くなっているわけだ。あくまでも、いざとなれば国が国民の資産を差し押さえるだろう、国民もそれを承知で国債を買っているのだろうという〝錯覚〟に基づいて……。

「国民のグッドライフ」をアジェンダにせよ

そこで私は、日本に回復余力がある今のうちに、前述した「戦略的自由度」という手法を国の政策づくりに応用して新しい戦略を打ち出すべきだと思うのである。その目的は何か？　一言でいえば「経済のパイを大きくして国民生活を豊かにする」こと、すなわち「すべての人のグッドライフ（充足感や充実感のある人生）のため」である。

グッドライフには、安全・安心が不可欠だ。しかし、安全・安心だけではグッドライフにはならない。菅直人首相（当時）の「最小不幸社会」ではグッドライフにはほど遠い。人々が「充実した毎日を送っている」「人生が楽しい」「この国に生まれてよかった」と思わなければ、グッドライフとはいえない。つまり、安全・安心は最低限の条件であり、政治はそこから先の「I had a good time」といえる人生の充足感や充実感を、国民の誰もが得られるようにしなければならないのだ。

菅氏は、民主主義の原点をまるでわかっていない。若い頃、学生運動に明け暮れたから学ばなかったのかもしれないが、世界のどこの国でも民主主義の政治目標は「最大多数の最大幸福」である。「最小不幸」は共産主義のコミューン思想だ。彼がいわなければならないことは、「国民の生活の質を上げると同時に、コストを下げます」「それに抵抗する官僚や利権団体は、徹底的に叩きます」「国民の皆さんは人生をエンジョイしてください」という提言なのだ。そして「もし生活ができなくなっても、セーフティネットを用意しています」と付け加えておけばいい。

しかし、そういう目的は、今まで日本では政治のアジェンダ（政策課題）になったことがない。日本の場合は戦後ずっと最低限の生活を保障することが政治のアジェンダになっているため、グッドライフを追求するということをやってきていないのである。

だが、今や世界の優れたリーダーは、グッドライフの追求を必ず主要な目的にしている。企業の経営者にも、社員は単に生活の糧を得るために会社で働くのではなく自己実現の場として会社を利用してほしい、会社の目的を達成する中で自己実現を図ってほしいという言い方をする人が増えてきている。それと同じことを日本の為政者は目指さなければならない。

なぜなら日本の場合には、バブル崩壊後の「失われた10年」の苦しみの中で、安全・安心はどうやらおおむね担保されている、ということがわかったからだ。これほど日本経済が低迷して景気が悪くなっても、路頭に迷って死ぬ人が増えたり、暴動が起きて社会が不安定になったりしてはいない。つまり、日本は世界で最もセキュリティが高くて不安と不満がない国の一つであり、大多数の日本人は明日が不安なわけではなく、将来に何ともいえない不安を感じているのである。日本人の個人金融資産は、バブルが崩壊した1991年の約1000兆円から10年間で約1400兆円に膨らんだが、その理由もそこにある。したがって、これから先の日本の政治は、今までのように自国民とその子孫から借金をしながら緊急経済対策という名目で意味のない景気刺激をするというバカなことはもうやめて、国民に安全・安心を超えた「グッドライフを届けること」を最大の目的にすべきなのだ（個人個人もグッドライフを目指すべきである。それについてはエピローグを参照されたい）。

戦略的自由度において目的が「国民にグッドライフを届けること」であれば、答えや解決策はおのずと限られてくる。私はまず、国民の7割を占める都市住民を対象にすべきだと思う。都市住民が人生の充足感や充実感を得られるようにするためには、まず大都市を再構築し、住環境を改善して通勤時間を短縮しなければならない。

今まで大都市の再構築ができなかった大きな理由の一つは、用地買収が非常に難しいことである。たとえば、東京の「六本木ヒルズ」は、地上げだけで17年もかかっている。資金も4000億～5000億円使っている。普通の会社なら倒産しているだろう。今や純粋な民間の地上げ方式で大都市の再構築をやっていくというのは現実的ではない。

となると、大都市を再構築する方法は政治主導による「大規模開発」しかない。つまり、大都市の大規模開発を政治のアジェンダにしなければならないのだ。

そして、もし民主党政権が大都市の大規模開発を実行すれば、内需が拡大して日本経済も復活する。まさに一石二鳥である。

「増税」「税金財源」「外国頼み」は全部ダメ

ただし、この目的を実現していく時に避けるべき「境界条件」が三つある。

一つ目は、これ以上増税しない。すでに日本は所得税も法人税も世界一高い。所得税率は単独世界一で、法人税率はアメリカと同じである。さらに消費税率などを上げて増税することを考える前に、まずは減税できるような財源を創り出す可能性を模索すべきである。

二つ目は、税金を財源にしない。前述したように、これまでの景気刺激策は、いずれ税金になる国債も含め、すべて税金を充てているが、それはやめて自分たちでプロジェクト・ファイナンスをする。これは世界の再開発では当たり前の方法だ。

三つ目は、他の国が協力してくれないとできないようなことはしない。基本的に財源は日本の民間のお金を使う。それでも、日本への投資が十分なリターン（利益）を生むことがわかれば、世界中から金が殺到するだろう。

増税せず、税金も使わず、日本の民間のお金だけで日本経済を立て直す――そんな手品のようなことができるのか？　答えは「ＹＥＳ」である。だが、それを自民党政権はやってこなかった。なぜなら、自民党を裏で支え続けてきた官僚組織の権益を奪うことになるからだ。逆にいえば、そこに踏み込めるかどうかが、民主党の政権担当能力を問う最大の試金石となる。

世界で改革に成功したリーダーは、例外なく「これまでなかった財源を生み出す」知恵を持っていた。ロシアのプーチン大統領はフラットタックスにより、減税をしながら大幅な税収増を実現した。地下経済を表に引っ張り出したからである。前述したように、インドネシアのユドヨノ政権は、過去の脱税を不問に付すことで隠し資産を申告させる〝刀狩り〟によって税収を1・5倍にした。

あるいは、台湾の馬英九総統は、陳水扁前政権の8年間に中国と断絶したことで経済が停滞した点を国民に訴えて支持を受けた。大発展する中国の経済に乗っかることが台湾にとっても必須となってきている。したがって、彼の主張（三通／「通信」「通航」「通商」の直接交流）が正しいことを今後の経済発展で証明できるかどうか、具体的施策をいかに巧みに繰り出すことができるかどうかが腕の見せ所となる。すでにこの2年間は年率10％で成長しており、好スタートを切ったといえる。

逆に、アメリカのブッシュ前大統領や韓国の盧武鉉前大統領を見るにつけ、リーダー1人の失敗で国家全体が大迷走してしまう脅威も忘れるわけにはいかない。

ヒントになるのは中国の都市開発

さて、日本はどうやって新たな財源を生み出し、経済発展を成し遂げるべきか。まず考えなければならないのは、先進国で最もひどい財政状況である。すでに述べたように、日本政府の借金（国債や借入金の合計）は過去最高の1000兆円近くに達し、税収の23～24倍という水準になっている。民主党はすでに「子ども手当（現・児童手当）」や高校の実質無償化、農家への戸別所得補償などのバラまき政策を始めているから、今後も新たな支出が増えるのは確実だ。民主党は予算の無駄を省き、いわゆる「埋蔵金」を活用するなどしてまかなえるとしているが、たとえそれができたとしても、しょせんは限られた予算の分配方法が変わるだけであり、しかも税収以上の支出を続ける赤字財政も是正できない。

本当は、日本は非常にユニークなポテンシャルを持っている。だから税金を使わずに経済発展＝税収増を実現できるのである。ヒントになるのは大発展を遂げる中国の都市・産業基盤開発だ。

中国では土地はすべて共産党のものである。そのうち農民に与えられている土地が「新たな富を生む源泉」となっている。政府や自治体は農地を農民から接収し、代替地を与える。接収した土地の用途を商業、産業などに変更し、民間の業者に49年から74年ぐらいでリースし、開発させる。その利用価値の差額が政府のポケットに入ってくるので、税金を使わずに都市や産業基盤の建設資金が捻出される。

このやり方によって中国はこの20年ぐらいの間に新しく180以上の巨大都市（人口100万人以上）を作り上げてきた。これなら全く財政負担をせずに経済を発展させることができる。国民も重税に喘ぐことがない。見方を変えれば農民が搾取されているのだが、その多くは都市に出て労働者となっている。国有地の切り売りだが、実際にはリースだ、といい逃れている。世界一広大な国土を所有する共産党にとっては、国家発展のための「源泉」はほぼ無限にある、と見ることもできる。バブルで土地が値上がりすれば、政府もその余禄に与って、差益がドンと入る。税金を上げずに社会基盤ができる。鍵となるのは、「土地の用途変更（農地から商業地へ）」であり、そこで新たに生まれた富が経済のパイを広げているのである。これが、世界中があまり理解していない〝中国マジック〟である。

日本にはそんな土地はもうない、と思うかもしれないが、実は同じような「未開発の富を生む土地」が山のように残されている。それこそが官僚利権によって隠された日本経済復活の「源泉」である。

源泉その1――大都市「市街化調整区域」

一つは、東京をはじめとする大都市の「市街化調整区域」だ。

市街化調整区域とは、都市計画区域の中で市街化が抑制される区域で、農地や山林などが中心。原則として都市化を助長するような開発が制限され、住宅などの建物は許可なく建てられない。区域区分はおおむね5年ごとに実施される基礎調査に基づいて変更できるが、農地の転用には厳しい制限がある。

そうした規制がかけられた表向きの理由は乱開発を避けることだが、実際にはこれは官僚支配と縦割り行政のものすごく悪い例なのである。都市部に点在する市街化調整区域内の農地で本格的に農業をやっている農民は極めて少ない。大規模化もできないから、いずれは売りたいという人が大半で、手のかからない栗や梅などを植えている。なかには運動場や駐車場に転用しているケースもある。

しかし、農地である限りは農林水産省や農業協同組合の〝領地〟である。これを住宅地や商業地、道路などに転用すれば、他省庁に権限が移ることになるから、もともと権益を握ってきた彼らがなかなか手放さないのである。

また、開発を司る自治体にしても、それら区域の開発に対する許認可権は大きな利権になる。現に開発許可は都市計画に基づくのではなく、陳情によって決まることが大半だ。自由に開発させないことで官僚たちが権力を維持できる仕組みなのである。

そうやって、大都市周辺の非常にポテンシャルの高い土地が大量に死蔵されているのが日本のユニークな現象だ。ロンドンのように大方針があってグリーンベルトとして積極的な緑地化を図る、などの施策なら理解できないではないが、役人の匙加減ひとつでどちらにでも転びます、というバカバカしい開発規制は外国では見たことがない。

利権を少しずつ取り崩すために調整区域をバラバラに解除していくことになるから、大規模な都市開発などはできず、せいぜい安普請のアパートが建ったり、虫食い開発で資産価値が上がらなかったりする。悪いことだらけである。

大都市周辺の市街化調整区域を広域にまとめて計画的な開発を行ない、然るべき住宅地や商業地にしていけば、土地の価値が上がって固定資産税は増えるし、都市や地域経済が発展すれば、住民税、所得税、法人税だって増える。

しかも、そのために税金を使う必要はない。資金は外からどんどんやってくるのである。東京のような大都市の市街化調整区域であれば、必ず民間のデベロッパーなどが再開発に名乗りを上げ、良質な住環境や広い道路などのインフラを整備するプランを作ってくるはずだ。

そういう方法だと銀行も融資しやすく、計画が実現した暁には新たな付加価値が生じて相当な富を生むことになる。土地の所有者ももちろん潤う。利権を失う中央官僚と市役所の小役人以外は誰も困らないプランなのだ。

源泉その2――湾岸100万都市構想

もう一つの「源泉」は湾岸再開発だ。首都圏の湾岸部には港湾および倉庫や工場が建ち並ぶ地域がベルト状に連なっているが、今はほとんど使われていない。水際の一等地が、日本では工業化時代の名残としてゴーストタウンになっている。これも用途制限を撤廃すれば巨大な富を生む。

私はかねて「湾岸100万都市構想」を提案している。千葉県木更津市の君津あたりから神奈川県横浜市の金沢八景あたりまでの東京湾ウォーターフロントに、住宅地、商業地、学校、公園などを一体的に整備して100万都市を誕生させるという構想だ。

この臨海エリアは日本の高度成長の一翼を担った京浜工業地帯であり、今までは産業のものだった。しかし、今や産業はことごとく中国などの海外に移転してしまった。羽田空港周辺などに多少の工場は残っているが、京浜運河沿いはどこもかしこも空っぽだ。倉庫街もほとんど使っていない。

しかし、工業化社会の利権は、そのまま居座っている。たとえば、東京・豊洲の旧石川島播磨重工業（現ＩＨＩ）造船所（東京第一工場）跡地には、三井系の同社と三井不動産が組んで「三井ショッピングパーク・アーバンドック　ららぽーと豊洲」と超高層マンション「パークシティ豊洲」を建設した。だが、そういう再開発には疑問符が付く。私有地とはいっても、港湾利権の中で造船所だから保有が許されていた土地である。それを勝手に商業施設やマンションに変えていくことを容認したら、どうなるか？　その周辺の再開発計画ができていない土地やコンセンサスが取れていない土地は空き地のままだから、市街化調整区域と同様の虫食い開発になってしまう。

つまり、湾岸部の再開発は一区画ずつバラバラにやるわけにはいかないのだ。京浜運河沿いの土地にポツンとポツンと高層マンションを建ててみても、周りには学校などの生活インフラがないし、通勤用の交通インフラも貧弱だ。不便きわまりない〝陸の孤島〟になってしまう。だから湾岸再開発は地方自治体が入って、そのゾーン全体を「面」で用途変更し、生活インフラと交通インフラを一体的に整備して新たに一つの街を造るというコンセプトで取り組まねばならない。

そういう再開発が実現すれば、多摩川の河口地域や豊洲、東雲（しののめ）、新木場などは日本一の住宅街になるだろう。新木場からでも銀座まで10分、大手町まで20分ぐらいしかかからないのである。それでいて地価が安いから、高層マンションの値段は汐留エリアや品川エリアの半分以下になるはずだ。

交通インフラのうち、道路はすでに東京湾岸道路が出来上がっているので、あとは東京モノレール（羽田空港―浜松町）を京浜運河の海側を通して横浜駅まで延伸し、京浜運河の横浜駅―東京・芝浦に水上バスを運航すれば十分だろう。

大規模なウォーターフロント再開発は「無から有を生む」最大の財源だ。実際すでに世界には、ボルチモアのインナーハーバー、サンフランシスコのフィッシャーマンズ・ワーフ、ニューヨークのバッテリーパーク・シティやサウス・ストリート・シーポート、ロンドン・ドックランズのカナリー・ワーフなど、数多くの成功例がある。それらと同じ要領でもって全部やっていった時には、おそらく〝21世紀の田園調布〟が１００ぐらい誕生するほどの大きなポテンシャルを秘めている。しかも、単に用途変更するだけで富が生まれるのだ。これが2番目の「埋蔵金」である。逆にいえば、用途変更しないと「埋蔵金」は掘り出せずに死蔵され、東京湾岸は20世紀の工業化時代に栄えた都市の名残というだけで、衰退していくことになる。

源泉その3――「容積率」を大幅緩和せよ

「源泉」はまだある。建物の「容積率」だ。民主党は「官僚支配からの脱却」を公約に掲げているが、官僚が恣意的に運用している権限の最たるものが建築基準法である。

容積率には物理的な根拠がない。かつて東京では関東大震災の教訓から建物に31メートル（9階建て）の高さ制限（いわゆる百尺規制）があった。しかし、1963年に建築基準法が改正されて制限が撤廃され、68年にオープンした147メートル・36階建ての霞が関ビルを皮切りに続々と高層ビルが建設されるようになった。耐震強度は建築工法によるもので、高さはほとんど関係ないことがわかっている。つまり、容積率も耐震強度とは無関係なのだ。

にもかかわらず、未だに容積率は50～1300%の範囲内で用途地域ごとに細かく制限されている。これは市街化調整区域と同様、どんな建築を認めるかを決める官僚権限を維持するための規制にほかならない。事実、大企業や大手マスコミなどが関与する建設計画ならば、周辺地域では認められないような容積率の緩和が簡単に許されているケースは多い。大阪・中之島の朝日新聞社の建て替えでは1000%であったものが、「特区」という裏技を持ち出して1600%に一気に引き上げられた。それなら日本全国特区にしろ、となぜ国民はいわないのか？　朝日新聞には逆らえないとでもいうような、笑止な事例である。

ゴム紐のように伸び縮みするこんな規制はさっさと撤廃し、日本の大都市も世界と同様に学術的、物理的に可能な限り高層化、高機能化、高密化できるようにすべきなのだ。より納得のいく方法としては、建築基準法や容積率は基礎自治体が自由に決められるようにすることだ。もちろん、街並みや景観についても自治体は知恵を絞って改善していかなくてはならない。

地域全体の容積率を大幅に緩和し、日照を確保するための「斜線制限」や「日影規制」を、たとえば20年間は凍結保留して、その間に高層建築を可能にする。仮に現在の100を300に緩和すれば、差分の200が容積率や空中権として空から降ってきて、それが日本にとっての新たな資産になる。もともとそこに住んでいた人たちは、より安全で安心な住宅が無料で手に入り、上積みされた200の部分には外からやってきた人々がお金を払う。これが税金を使わずに大都市を再開発する原資となる。

要するに、今まで封印されていた「市街化調整区域」「湾岸部」「容積率」の三つが、「国民にグッドライフを届ける」という目的に対する戦略的自由度なのだ。それらを解放して大都市を再開発する時の基本的なインフラ整備は、地方自治体が債券（たとえば「大田区債」「江東区債」「江戸川区債」など）を発行すれば、税金を使わずに行なうことが十分可能である。その債券は年利3〜4％、容積率によっては7〜8％で回るはずだから、日本国内の郵便貯金や定期預金に眠っている個人金融資産はもとより、世界中が買うだろう。「外部経済」を呼び込むことによって税金を使わずに済むわけだ。

すべてのルールは住民が決める

そして、富を生む土地をどうやって開発するかは、政治のリーダーシップの見せ所となる。官僚の抵抗を排し、なおかつ乱開発にブレーキをかけながら進めるには、強い政治力が不可欠だ。中国で前述のような都市開発が可能なのは、市長などに強い権限が与えられているからである。日本のように、市の開発計画に県や国が文句をつけたり、カネを出したりはしない。逆に、自治体が国を頼ったり、責任逃れをしたりもしない。市長が自分の才覚と権限で開発し、成功したら評価され、失敗したら更迭(こうてつ)される。

そもそも日本では地方自治体が何をするにも国の認可が必要だ。たとえば、細川護熙元首相は熊本県知事時代、国道のバス停を20メートル動かすために、何回も上京して建設省（当時）と交渉したと話している。また、大阪市が国道の御堂筋の歩道に郷土出身の彫刻家の作品を置こうとした時も、市長が何度も東京に足を運ばねばならなかった。岐阜県大垣市の場合は、市民の希望で国道と県道の駅前交差点をスクランブル交差点にしようとしたら、国が反対して実現できなかった。

こんなふうに地方自治体の均衡ある発展を邪魔してきた中央集権をやめ、日本でも開発の主体は市や区（民主党のいう基礎自治体）に移すべきだろう。それが官僚主導国家から真の地方自治国家に変わる第一歩となる。そして、今後の都市開発は（よくある役人の手垢がついたものではない）純粋かつ厳格なＰＦＩ方式（Private Finance Initiative／公共施設などの建設、維持管理、運営等を民間の資金、経営、技術を活用して行なう手法）で進めることが重要だ。乱雑な開発とならないよう再開発の単位を大都市部でも1辺500メートル以上の区域に分けてしっかりとした地盤の整備を行ない、その上に道路、住宅地、学校、公園、商業地、オフィスなどを造り込んでいく。また、地下には上下水道や通信、電気などのインフラだけでなく、緊急時の食糧や非常用電源セットなども設置する。

大事なことは、官僚に、お前は許可する、お前は許可しないという恣意的な判断をさせないことだ。すべてのルールは住民が決める。建物の高さや色なども含めて住民が自分たちの街並みはこうしたいと決めたら、行政はそれに従う。もちろん最低限必要な都市機能の整備や耐震、耐火、水害などに対する安全基準にはルールを設けるとしても、官僚が全国一律に決める必要は全くないのである。

住民に任せると、意見が対立して意思決定ができないケースもあるだろうが、それはそれで一向にかまわない。みんなが同じように進む必要はないし、やりたいところからやればよい。どこかの自治体が成功して美しい都市が出来上がれば、他の自治体もそこから学習し、競い合って住環境の改善が行なわれるようになるだろう。

我々が欲しいのは税金を湯水のごとく注ぎ込んだ「均衡ある国土の発展」ではなく、安全・安心で住みやすい街づくりの成功例がまだ一つもない日本で、税金を使わない最初の成功例なのだ。それが一つ出てくれれば、街づくりの競争が始まるだろう。

今までのように、国が何かをやってくれるのを待つのではなく、自分たちでやりたいことをやる、「グッドライフをローコストで達成する」競争の幕が切って落とされるのだ。そうなったら、もう官僚の権限も財政支出も必要なくなる。それが真の地方自治というものである。

要するに、本当の霞が関の埋蔵金は、霞が関が独占していた「権限」なのである。したがって民主党が本気で官僚支配からの脱却と地方自治を目指すのであれば、地方に無限の権限を与えればよい。

大都市周辺の市街化調整区域と湾岸工業地帯、そして大都市部の空中にある埋蔵された富を掘り尽くせ、といいたい。国家の基本となる街づくりと経済復興を税金と官僚の手を使わずに実現して見せよ、とアドバイスしたい。それができれば、国民は政権交代が起きてよかったと評価するだろうし、官僚支配から脱却した象徴にもなるだろう。

第5章

「人材力」と「地方分権」で国が変わる

（20年後のグランドデザイン）

「日韓逆転」は20年前から始まっていた

気がつけばお隣の韓国にアッという間に追い抜かれていた――。ここ数年、世界市場で韓国企業が著しく台頭し、多くの分野で「日韓逆転」が起きている。

たとえば、薄型テレビの2009年の世界シェアは1位がサムスン電子、2位がLGエレクトロニクスだ。携帯電話も首位のノキアを2位のサムスン電子、3位のLGエレクトロニクスが追い上げている。

なかでもサムスン電子の2009年の売上高は過去最高の約10兆6800億円に達し、電機メーカー世界一の座に就いた。連結営業利益は約8700億円で、これは日本の電機メーカー各社の2010年3月期営業利益見通しの合計を約2300億円も上回っている。

躍進する韓国企業と低迷する日本企業――。なぜ日本企業は韓国企業の後塵(こうじん)を拝するようになったのか？　最大の理由は、日韓の「人材格差」にある。

すでに第1章で触れたように、いま韓国にはサムスン電子の尹鍾龍(ユンジヨンヨン)前CEOや現代自動車の鄭夢九(チョンモング)会長、LGエレクトロニクスの南鏞(ナムヨン)前会長ら、非常に優秀でしたたかな経営者がいる。さらに、ビジネスマンのレベルでも、今や日本人より韓国人に優れた人材が多い。

私はマッキンゼー時代にハーバード大学やスタンフォード大学などアメリカの一流校の学生をリクルーティングしていたが、韓国人留学生と日本人留学生を1対1で比べると、30年前までは明らかに日本人のほうが優秀だった。ところが、20年前の1990年ぐらいから、ゆっくりと大きな変化が起き始めた。採用したいと思う人材が、日本人より韓国人に多くなってきたのである。

その理由は、まず、韓国人が欧米人と渡り合えるレベルの英語力を身につけてきたことである。加えて、リーダーシップのある学生が増えた。ハーバード大学のアジアからの全留学生が参加している「アジアクラブ」の会長など、組織の仕切り役やまとめ役として韓国人がヨーロッパからの留学生と全く遜色のない能力を発揮するようになったのである。そして今では留学生だけでなく、ソウル国立大学や私自身も教鞭を執っている高麗大学、梨花女子大学などに、将来のアジアのリーダーを目指すグローバルな人材が増えている。客観的に見て、彼らは日本の有名大学の大学生より格段に優秀だ。

サムスン「社員3000人」留学制度

そうした学生の基礎能力に加え、韓国企業はグローバル化を進めるための人材育成でも、日本企業より大胆で優れた仕掛けを持っている。その先頭を走るのは、やはりサムスン電子だ。

同社の李健熙（イゴンヒ）前会長は、アメリカ市場で日本企業に勝つのは容易ではないと判断し、新興国や途上国の市場を狙う戦略を立て、１９９４年頃からＢＲＩＣｓ（ブラジル、ロシア、インド、中国）に本格的に進出する準備を始めた。この戦略がその後の新興国ブームによって、爆発的なリターンを生み、現在の大躍進の原動力となっている。

さらに数年前から新興国・途上国への留学制度を作り、３０００人の社員をＢＲＩＣｓや、それに次ぐＶＩＳＴＡ（ベトナム、インドネシア、南アフリカ、トルコ、アルゼンチン）などに派遣している。彼らが現地で何をしているかというと、１年間は仕事をせずに人脈を作り、語学力を磨きながら歴史や文化を学び、将来、それぞれの国で責任者になるための土台固めに専念しているのだ。このプログラムの費用が年間１０００億円。実に思い切った先行投資である。人材育成が最優先、という原則に気づかず、景気が悪くなると研修費用をまずカットする多くの日本企業と好対照だ。

しかも、前述したようにその課長級以上の社員たちは全員TOEIC920点以上の英語力がある。そもそもサムスン電子には、900点未満のスコアでは入社できないのだ。そういうエリートを新興国・途上国に埋め込むことで未来の商売のタネを蒔いている企業は、日本には存在しない。サムスンほどではないが、他の韓国の大企業も同様に人材育成に力を入れている。

国力は「人口」より「人材力」で決まる

そのため、韓国には日本では見たことがないタイプのとびきり優秀な人材も登場し始めている。一例は、大阪のテーマパーク「ユニバーサル・スタジオ・ジャパン」などにも出資しているアジアに特化した独立系投資ファンド「MBKパートナーズ」の代表者（共同設立パートナー）の1人、マイケル・キム氏だ。

同社は2005年3月、キム氏らアメリカの投資ファンド「カーライル・グループ」のアジア地域担当幹部が若くして独立し設立した企業買収ファンドで、すでに世界中の投資家から3000億円ぐらい集めている。とりわけキム氏は、自分たちの投資方針を説明するミーティングで素晴らしいプレゼンテーションを展開し、世界で最も基準の厳しいカナダの年金ファンドや北欧、中東産油国などの投資家たちを1人でさばくという、まさに目から鼻に抜けるような能力の持ち主だ。最近その姿を見て、この会社は必ず大きくなる、と私が確信したほどである。

さらに韓国では政府が、サムスン、LG、現代などのグローバル企業から積極的に人材を採用している。だから、いま韓国政府の中枢では、民間企業出身者の比率が高まっている。後述するように、李明博大統領が現代建設の社長出身というのも、偶然ではないのだ。その逆に官僚や大学教授がこうした民間企業に行くケースも増えている。日本と異なり、「民」と「官」の間で活発な人材交流のダイナミズムが生まれているのだ。グローバル化の最先端をいくアメリカ帰りの優秀な人材が、いまちょうど企業や政府で要職に就き始めている。また、国連の潘基文（バンギムン）事務総長がそうした韓国発の人材の頂点にいるのは疑いない。

21世紀の国力は、突出した能力の人材が何人いるか、すなわち「人材力」だけで決まってくる。極言すれば、国民の人口は全く関係ないのだ。その意味では、誰もがバンクーバー冬季五輪やサッカーなどを見ていて薄々感じていたと思うが、日本は人材力で韓国に完全に抜かれてしまった。したがって世界市場、とくに新興国・途上国市場における日韓企業の差は、今後しばらく拡大することはあっても、縮小することはないと思う。

　もともと韓国は、国民の結束が強固なように見えて、実は他に類を見ない〝分裂国家〟である。国を出たがる若者が山ほどいて、アメリカなど海外に移住する人の数は日本とは比較にならないほど多い。また、経営者、労働組合、政治家、マスコミが、それぞれを激しく攻撃し合い、伝統的な地域間の対立も深刻だ。

　それほどまとまりのない韓国が、なぜ急に大躍進したのか？　そこには、10年後、20年後の国家のグランドデザインをどう描くかという視点が絡んでくる。

国を挙げて「英語」「IT」を強化した韓国

　近年、韓国人の能力が急伸したのは、金大中元大統領の功績が大きい。韓国は1997年のアジア通貨危機でIMF（国際通貨基金）管理下に置かれるという屈辱を味わった。そこで翌98年に就任した金大中大統領は、二度と同じ轍を踏まないために、二つのことを〝国策〟として推進した。

　一つは、国を挙げてのグローバル化である。国内市場・企業だけで成り立っていた分野を、ことごとく対外開放した。その結果、経済や経営が一気にアメリカ化し、日本から学ぶものはもうない、アメリカから学ぼうという風潮が強まり、留学先が従来の日本からアメリカに大きくシフトした。その後、帰国したアメリカ派が、政府・大企業のあらゆる部署で幅を利かせている。

そしてアメリカ化のプロセスで、韓国人は英語が非常にうまくなった。サムスン、現代などの大企業が英語力を採用や昇進の条件にしたため、英語ブームが巻き起こったのである。

たとえば、英語はネイティブに習う必要があるということで、在韓米軍の兵士の妻たちが多忙になった。彼女たちが米軍基地近くの喫茶店で中学生や高校生に英語を教えるアルバイトを始めたところ、受験に熱心な親たちが敏感に反応し、〝英会話喫茶〟が大流行したのである。それまで韓国人は、たとえば北欧などの非英語圏の国に比べても語学力が極めて弱かったのだが、今では世界の学力比較ランキングで常に上位に入るようになった。

もう一つ、金大中政権下で進んだのがＩＴ化だ。21世紀の韓国はＩＴ（情報技術＝知的付加価値）で生きていくと宣言し、社会全体を徹底的にＩＴ化したのである。

日本の場合、ＩＴ化は若者から進んだが、韓国の場合は中高年層も同時進行した。

ＩＴスキルを身につけなかったら職を失うという恐怖感を与えたため、それまでＩＴに疎かった中高年層までも必死に勉強したのである。その結果、韓国では中高年層のパソコン恐怖症やネット恐怖症が消え、ＩＴ浸透率が世界一になった。

企業では、ＩＴ化を40～45歳で始めた人が今50～55歳だから、ちょうど脂が乗り切って中核にいる。しかも、彼らは英語ができないと昇進できないし部下から尊敬もされないということで、みんな英語が達者になっている。

私は以前から、21世紀のビジネスパーソンに求められる〝三種の神器〟は「英語」「ＩＴ」「ファイナンス（財務）」であると繰り返し述べてきたが、韓国は国を挙げてこのうちの二つの能力向上に取り組んでいたわけである。

輸出産業に対するウォン安の追い風や、韓国企業が早々とＢＲＩＣｓなどの新興国市場を狙った戦略が近年の新興国ブームで奏功したという僥倖もあるが、金大中元大統領が蒔いた種が今日の隆盛となって花開いていることは間違いない。

経営者視点をもった「李明博」の実行力

日韓の人材格差は、経営者やビジネスマン、スポーツ選手だけでなく、政治家の世界でも顕然だ。東アジア共同体を唱えた鳩山由紀夫首相（当時）は、もともと大学の先生で経済や経営のことはさっぱりわからず、リーダーシップもないから、いつまで経っても日本は不況から抜け出せなかった。私は常々「一国を率いるリーダーや政党には経営者の視点が必要だ」と述べているが、鳩山民主党にはその視点が明らかに欠けていた。代わって登場した菅直人首相（同）も「最小不幸社会」なる目線の低いスローガンを掲げ、「世界に飛び出して勝負する！」という韓国とは、際立った対比を見せた。

一方、韓国の李明博大統領はまさしく経営者出身でソウル市長も経験しているだけに、経済についての地肌感覚と不屈のリーダーシップをもっている。なにしろ彼が社長、会長を務めた現代建設は、コスト競争力を武器に世界中の企業と競ってアジア太平洋や中東などで難工事を受注し、日本企業が尻込みするような劣悪な環境にある地域でも、韓国から建設機械と労働者がワンセットの〝人馬一体〟で乗り込んでいく強靭な会社である。そういう過酷なビジネスの第一線で修羅場をくぐり抜けてきた人物だから、非常にしたたかで、世界の要人とも電話1本で直接交渉できるのだ。

就任当初こそアメリカ産牛肉の輸入問題で失速し、大統領選挙で公約に掲げた「747計画」（年7％の経済成長、1人当たり国民所得4万ドル、世界7大経済大国入りを達成するという計画）や「朝鮮半島大運河構想」（韓国北部を流れる漢江と韓国南部を流れる洛東江を運河で連結し、ソウルと釜山を水路で結ぶという構想）、あるいは遷都も全く進展していないが、リーマン・ショック後の世界的不況下で経済復調したことも評価されている。

さらに、２０１０年11月にはＧ20（20か国・地域）首脳会議がソウルで開かれた。同じ月に横浜でＡＰＥＣ（アジア太平洋経済協力）会議も開かれることになっていたため、当時、日韓両国は二つの会議の日取りをめぐり、外交で激しい攻防を展開した。順番が後になったほうは、意義や注目度が薄れてしまうからである。結果は、李大統領がオバマ米大統領らと直接掛け合った韓国の勝利。Ｇ20が11月11～12日、ＡＰＥＣが13～14日に開かれた。国の勢いと元首の力量の差を象徴する出来事である。

ただし、韓国の好調は今後10年も続かないだろう。いま好循環に入って約５年を経ているが、長期的にはアメリカ化したことが弱さになってくると思う。なぜなら韓国の産業は、日本の機械産業や部品産業のようなコツコツと積み上げた領域がほとんどなく、中小企業が大企業の言いなりで、産業の裾野が狭いといった、衰退したアメリカの産業と同じ体質をもっているからだ。

しかも、韓国は日本より少子化が進んでいる。２００８年の合計特殊出生率（１人の女性が一生の間に産む子供の数を表わす指標）は韓国が1・19で、日本が1・37だ。したがって、このあと韓国が1人当たりGDPや技術レベルなどで日本に追いついたら、国民の緊張感が緩んで日本と同じく衰退国家になるのは避けられないと思う。

とはいえ「人材力」において日本が韓国に見習うべき点は多い。民主党政権は格差是正や弱者救済といった社会民主主義的な方向にどんどん傾斜し、個人の資質や能力を高めて世界で戦える人材を育てようという議論は皆無に等しい。しかし、それでは韓国との「人材格差」は埋まらない。これは企業の競争力に直接影響するだけに、深刻な問題だ。

「人材力」を高めるためには、大学をはじめとする教育改革が第一だ。たとえば、有名大学が入試の条件をTOEIC800点以上にすれば、高校が変わる。高校が変わると中学校が変わり、中学校が変わると小学校も変わる。韓国の場合は大学が変わってから10年で、優秀な人材を続々と輩出するようになった。親たちが一気に変わるからである。ここで日本が教育改革を進めなければ、ますます凋落するのは間違いない。21世紀は、「人材力」すなわち「国力」の時代なのだから。

「就職氷河期」は不況だけが原因ではない

今や日本の人材力低下を象徴するニュースには事欠かない。

厚生労働省と文部科学省が発表した2009年度大学卒業者の就職率は、2010年4月1日時点で91・8%にとどまり、就職氷河期といわれ過去最低だった2000年の91・1%に次ぐ厳しい状況となった。この就職率の低下はリーマン・ショック後の不景気が原因だという見方が多いが、それは違うと思う。

まず、経済のグローバル化によって日本企業がどんどん海外に進出しているため、海外赴任を嫌がる日本人の採用を端(はな)から抑え、外国から、あるいは現地で優秀な人材を積極的に採用する会社が増えている。

しかも、すでに日本企業の正社員は雇用全体の47%しかいない。いま日本の経営者は正社員の採用に対して、強い警戒心を持っている。正社員が増えると、雇用の弾力性が失われてしまうからである。とくに民主党が主張する雇用派遣法などにシフトしてしまえば、採用の海外シフトは加速するだろう。大学新卒者の就職は基本的に正社員採用枠にあたるので、それ自体のパイが小さくなってくるわけだ。同じような状況にあるドイツでも正社員は50%で、しかもその半分は期間限定(5~10年)の正社員という契約である。

さらに、今や日本は「大学全入時代」になり、少子化の一方で、ろくに高校で受験勉強をしなかった大学生が増えている。彼らの大半は大学でも勉強していないから、企業が求めている能力は全く身につけていない。つまり、そもそも企業が日本人の大学新卒者を採用する理由はないのである。

マスコミは就職率が91・8%に低下して大変だ、就職氷河期だ、と騒いで大学生に同情しているが、むしろ9割にまで達したことのほうが驚きだと思う。

毎年恒例の「就職人気企業ランキング」を見ても、相変わらず大学や大学生と企業の間に大きなギャップがある。たとえば、文系の上位ランキング企業には前年か前々年に業績がよかったけれど、今後も好調が続くかどうか怪しい会社がいくつも入っている。大学新卒者が会社の中核で活躍できるようになるのは入社20年後ぐらいだが、その頃には会社がなくなっているかもしれないのだ。

理系では、食品会社の順位上昇が目立つ。理由は不況に強く、安定しているからだという。しかし、日本の食品会社にグローバル経済の中で世界に羽ばたける会社は、ほとんどない。大学生と大学の就職指導の先生の社会認識はどうなっているのか、いったい何を考えて会社選びをしているのか、私は不思議でならない。

要するに、大学生の就職内定率が下がっているのは景気の問題ではなく、構造的な問題なのである。

間違った人材の採用はダメージも二重

逆にいえば、今は採用を抑えて、景気がよくなった時に採用を増やすような企業に勤めてはいけない。なぜなら、大学新卒者が本当に役に立つ戦力となるのは10~20年後だからである。10~20年後の投資を今年の景気で判断する経営トップというのは、極めて無責任だ。

本来、人材採用というものは、景気がよくなろうが悪くなろうが、会社の長期戦略に基づいて必要となる人間については毎年コンスタントに確保しなければならない。景気が悪ければ、他の経費をすべて削ってでも採らねばならない。景気によって調整するなら、即戦力となる中途採用の増減によって対応すべきである。その意味でも、大学生の就職内定率に関する議論は、根本的にズレているのだ。

ところが、そういうことを理解していない文部科学省は2014年度までの5年を大学生・大学院生の「就業力」向上の重点期間と位置づけ、大学の財政支援などを始めるという。国公私立大130校に資金配分するほか、私大約500校に就職相談員（企業で採用や人事を担当した経験者や民間就職支援関連資格保有者）を配置してそのコストを国が負担したり、インターンシップ（就業体験）を卒業単位に認定する大学に資金を配分するそうだ。

しかし、それはおかしい。

たとえば、就職相談員の配置はリクルートやパソナなどの人間を大学が雇うという話になってくると思うが、大学生の能力を改善することなしに就職を支援されたら、企業は大きな迷惑だ。品質管理をしないで製品を納入されるようなものであり、コンピューター用語でいうところの「GIGO」（「ギーゴー」または「ガイゴー」と発音する。garbage in, garbage outの略。直訳すれば「ゴミを入れると、ゴミが出てくる」。入力が誤っていれば、出力も無効なものにしかならないという意味）だ。そんな費用を国が負担するというのは愚の骨頂だ。予算のバラまき、無駄遣い以外の何物でもないばかりか、企業を破壊する行為である。

文科省がそんなことをしたら、おそらく企業は間違った人間を採用する。だが一般的にいって、間違った人間を採ると、企業は二重のダメージを受ける。一つは、その人間が役に立たないこと。もう一つは、役に立たない人間は往々にして社内で自分より優秀な人間の足を引っ張ることだ。

要するに、文科省がやろうとしている「就職支援」は本末転倒なのである。

アジアからの留学生も「苦手」？

本来、文科省の使命は、責任ある社会人、世界で通用する人間、企業が採りたくなる人材の育成にある。言い換えれば、将来、社会に出て活躍し、ちゃんとカネが稼げる人間、メシが食える人間をつくることである。それが文科省の唯一の役割であり、その本来業務のために小学校、中学校、高校、大学・大学院があるはずだ。

実際、欧米やアジアの先進国はそういう視点で人間をつくっている。たとえばフィンランドやデンマークは「世界で通用する人間」を先に定義し、幼稚園から英語とリーダーシップを教えるようになった。その結果、国全体が英語化して外国からの優秀な留学生が増え、自国の学生が彼らと切磋琢磨することでさらに能力が向上するとともにグローバル化したのである。

一方、日本は奨学金を出してアジアから留学生を受け入れながら、日本人学生のほとんどが留学生と付き合っていない。だから、留学生は自国から来た人たちだけでコミュニティをつくり、日本に対しては恨みを持って帰って行く。しかも、大学の先生たちは留学生を苦手としている。日本人の学生はわからないことがあってもあまり質問しないが、留学生は積極的に質問するから指導が面倒で難しい、といい出す始末である。

日本が成長している時期は、すぐに役に立たない人間でも企業が10〜20年かけて鍛えていったが、今や企業にそんな余裕はない。もし文科省が本気で就職支援をするつもりなら、世界で通用する人間、企業が採りたくなる人材を育てるという〝本業〟に専念し、小学校から大学まで、すべてのカリキュラムを根本的に作り直すべきである。

しかも、この改革は待ったなしだ。悠長に構えている時間はない。次に紹介するように、ボーダレス化が進む世界の企業の人事戦略は、日々、進化を遂げているからだ。

日本では人材までが〝ガラパゴス化〟

実際、日本の若者はずるずると能力が落ちているうえ、どんどん「内向き・下向き・後ろ向き」になっていると思う。

興味深い数字がある。

米ハーバード大学のドルー・ファウスト学長によれば、同大学の学部・大学院を合わせた国別留学生数を1999～2000年度と2009～2010年度で比較すると、中国は227人から463人、韓国は183人から314人に急増したが、日本は151人から101人（学部はわずか5人！）に減少したという（読売新聞2010年3月11日付朝刊）。

かつて、アメリカの一流大学は日本人留学生が圧倒的に多かった。私が留学していた1960年代後半のMIT（マサチューセッツ工科大学）には日本人留学生が150人ほどいたが、中国からの留学生はほとんどいなかったし、韓国人も日本人の5分の1以下だった。それが今や完全に逆転してしまったわけである。

また、大半の日本企業は留学制度を廃止しただけでなく、グローバル化に対応するキャリアパスを組んでいない。一方、世界中で事業を展開しているジョンソン・エンド・ジョンソンやネスレなどは、言語圏ごとのキャリアパスを確立している。外交官のように、英語、スペイン語、中国語などの言語圏の中でローテーションの仕掛けがあり、若い頃から同じ言語圏の国と本社を行き来してキャリアを積むのである。

たとえばネスレは、いったん海外に出たら20年ぐらい本社に戻れない。最初はチリ、次はペルー、さらにアルゼンチンを渡り歩き、最終的には本社に戻って南米統括本部長を務める、といったようなキャリアパスになっている。これだと少なくとも南米の重要市場三つを自分で経験して理解しているから、40代でリーダーシップが出てくるわけだ。

一方、日本企業の場合、一つの国や言語圏に長期滞在するケースは極めて少ない。駐在員は2〜3年ごとに交代する〝灯台守〟のようなものなので、そのたびに言葉を覚え、現地のコミュニティや人的ネットワークを再構築しなければならない。たとえば、本社と海外を行ったり来たりしている私の知人は、これまでにメキシコとイギリスに行き、今はチェコにいる。これでは、世界で通用する人間は育成できない。日本は、携帯電話と同じく、人材も〝ガラパゴス化〟しているのだ。

米国で〝即戦力〟の「軍人採用」企業が急増

これに対して、最近のアメリカ企業の人事戦略は、格段に進化している。一流大学の出身者を採用しなくなっているのだ。エリート志向が強いあまり、リスクをとりたがらないからである。では、どこから採用しているのか？　軍隊だ。

米誌『フォーチュン』（2010年3月22日号）によると、アメリカのビジネス界は、イラクやアフガニスタンでの駐留経験を持つ若い将校を積極的に採用し始めている。その企業は軍需産業だけでなく、AT&Tやバンク・オブ・アメリカ、ウォルマート、ホームデポ、ペプシコ、メルクなど様々な業界に広がっている。

企業が欲しがるのは、最前線で戦闘部隊を指揮した大学卒の20代後半〜30代前半の人間で、大卒後にそのままビジネス界へ進んだ同世代よりも若くして多くの人間を率いた経験、さらに戦場で予測不能な事態に対処した経験を高く買っているのだという。

2008年から米軍の若手将校（最近まで部隊を統率していた中尉・大尉クラス）の採用に力を入れているウォルマートのリクルート担当部長は「彼らはすでに世界に通用するリーダーの資質を備えている。あとは小売業について教えさえすればいい」と述べている。

以前から軍人の採用に前向きで全体の14人に1人、1万人以上の社員が軍経験者とされているGE（ゼネラル・エレクトリック）のジェフリー・イメルト会長兼CEOも「予測不能の緊急事態が起きた時に最も早く対応できるのは、軍隊でトレーニングを受けた若手のエリートだ」と話している。

また、企業側がＭＢＡ（経営学修士）取得の機会を提供することも珍しくなく、ＭＩＴなどでは元軍人を対象にしたＭＢＡコースを設けている。

要するに、一流大学の出身者は想定可能な当たり前の状況に対して当たり前の答えを出す。しかし、いま企業に当たり前の状況はどこにもない。異常な状況に直面した時に即座に結論と行動を変え、みんなをそちらに引っ張っていく力が求められている。その力は一流大学を出ただけの人間にはないが軍人にはある、というわけだ。

ひるがえって、日本で役所や大企業がかつての輝きを失ったのは、実は21世紀に即した人材の採用と育成を怠ってきたからだといえるだろう。

「寄らば大樹」という発想を捨てよ

このように人材力において〝有事即応態勢〟を整えているアメリカ企業に比べると、日本企業は戦闘配置にさえもついていない状況だから、弱くなるのは当然だろう。といっても、私は戦場で実戦を経験するのがよいといっているわけでは、もちろんない。グローバル企業の競争は、そういう兵（つわもの）たちを相手にしているということを認識しなければならない、といいたいのである。

もう一つ、日本の就職論議の中で抜けているのは、実は中小企業はまだ人材不足で、よい大学から採用できていないということだ。ここぞとばかりに積極的に採用しているアグレッシブな中小企業も増えているのだが、親と先生が中小企業に行かせたがらないし、本人も行きたがらない。

他方、アメリカのハーバード、スタンフォード、MITなど一流大学のビジネススクールでは、大企業に就職する人間はほとんどいない。大半は自分で起業するか、面白そうなベンチャー企業に行く。だからアメリカの一流大学には「就職内定率」や「就職率」を気にする発想そのものがない。卒業時にはすでに起業している者もたくさんいるからだ。就職率が過去最低レベルになったと騒ぎ、若者の安定志向が強まって企業活力が衰える一方の日本とは雲泥の差だ。ちなみに、米誌『ビジネスウィーク』（2010年6月7日号）によれば、アメリカの就職率は24・4％、日本が91・8％、中国が70％、イギリスはなんと15％である。これで大騒ぎして補助金まで出す日本という国の「甘えの構造」を思い知るべきだ。大学を出ても自動的に職が見つかるわけじゃない、というところから若者の死に物狂いの人生行路が始まるのが世界の常識なのである。これまでの日本が恵まれすぎていたのだという観点から、人材の問題を見直したほうがよい。そもそも人事抗争が絶えない今の大企業を見て、就職したいという気になること自体が異常だと私は思う。

日本は文部科学省が教育制度を改革すると同時に、親と先生が「偏差値の高い大学を出て有名な大企業に入るのがよい」という誤った価値観を捨てない限り、世界で通用する人間を育成して〝人材輸出国〟になることはできない。逆にいえば、大学生が社会に出てカネが稼げる人間、メシが食える人間になるためには、ＩＴ時代のボーダレス化した世界に飛び出せるスキルを、学生時代に自分自身の意思で身につけるしかないのである。

「ボーダレス留学生」を積極活用すべき

企業側はこの「人材不足」「人材格差」時代をどう乗り越えるべきか？　ヒントの一つは、日本に来ているアジアからの留学生を積極的に活用することだと思う。

一般的にいって、来日している留学生たちは、実は現地ではトップクラスの人材ではない。本当に一握りのトップクラスの学生たちは、アメリカやイギリスの一流校へ行くからだ。それでも、日本に来ている学生たちは、少なくとも日本人学生たちに比べれば相対的に見てレベルが高い。

彼ら留学生のうち、75%は3か国語が話せるという調査もある。すなわち、母国語ができて、英語ができて、そして日本に来て日本語を学んでいるからだ。日本人の学生の中から3か国語ができる人材を探し出すのはかなり骨が折れるだろう。だが、たとえば台湾人はもともと英語の得意な学生が非常に多いから、台湾からの留学生であれば、ほぼ自動的に中国語、英語、日本語のトリリンガルというケースが少なくない。となれば、企業が日本人採用だけにこだわる必要性はなくなるわけである。

実際、とくにＩＴ系企業では国籍や学歴は関係なく、「ボーダレス」な人材が企業の強さに直結している。

興味深い記事が『ビジネスウィーク』（２０１０年3月8日号）に掲載されていた。グーグルから出発した人脈図がそれで、グーグル副社長（当時）のメリッサ・マイヤーをはじめ、「ツイッター」を生んだエヴァン・ウィリアムズやビズ・ストーンなど、グーグルが生んだ綺羅星のごとき人材（起業家）と彼らが育てた２００社近いベンチャー企業が見開きの図いっぱいにプロットされ、それぞれの人間関係＝ネットワークが描かれている。１９９８年の創業からわずか10年余りの間にグーグルからどれだけの会社やサービスが派生してきたのかを示してもいるのだ。それはもちろん、シリコンバレーという土地が育んできた土壌と無縁ではない。

シリコンバレーの生みの親はフェアチャイルドであり、育ての親はＨＰ（ヒューレット・パッカード）といえるだろうが、そこからまた様々な人材が離脱・合流しては、自分たちの会社を創業し、再び仕事で繋（つな）がり合う。だから、どうせまた一緒に仕事をするだろうということで、辞めていった人間との繋がりを大切にする文化がある。その無数の人脈や新しい出会いや組み合わせから、無限の新ビジネスが誕生していくのだ。

「子ども手当」「高校無償化」の不毛

企業における「人材格差」の問題は、日本をどういう国にしていくのかという国のグランドデザインとも関係してくる。

民主党政権は、２００９年の総選挙マニフェストの中でもかろうじて実現にこぎつけた「子ども手当」や「高校無償化」などの教育政策を盛んにアピールしている。「経済的な理由で十分な教育が受けられない」（同マニフェスト）現状を変えて、「すべての子どもたちに教育のチャンスを」与えようというものだ。

一方で、そんな現状を裏付けるように、「親の年収が多くなるほど大学進学率が高くなる」という調査結果がある。

東京大学の大学経営・政策研究センターが全国の高校3年生約4000人を抽出して3年間追跡した結果、4年制大学への進学率は、年収が最も低い200万円未満の層が28・2%で、収入が上がるにつれて進学率も高くなり、1200万円以上では62・8%に達しているという。これを報じた朝日新聞も「子どもの受ける教育や進学率が、親の所得差によって影響され、『教育格差』につながっている」という文脈で論じている（2009年7月31日付朝刊）。

教育を受ける機会が均等であるべきなのは自明のことだ。しかし、「教育格差」というものは、世界中どこの国にも存在する。たとえば中国では、農村戸籍の人たちは、よほどの天才・秀才でないと、都市の有力大学に行くことすらできない。住居の移動そのものが制限されているからだ。インドにいたっては、原則的にカーストで教育レベルも決まってくる。

極端な受験偏向によって教育格差が拡大しているのは韓国だ。いま韓国の子供の帰宅後の平均勉強時間は6時間を超えるといわれている。しかも1998年のIMF危機以降は英語に力を入れ始め、前述したように、学校の授業以外にも塾に通ったり、駐留している在韓米軍兵士の奥さんに習ったりしている。韓国の一流大学はソウル国立大学、高麗大学、延世大学、梨花女子大学ぐらいしかないので、いっそアメリカなど海外の大学に留学しようという風潮も強い。このため、第1章でも述べたように、英語力は高校卒業までにTOEIC（990点満点）で800点台に到達していなければ話にならない、といわれるほど徹底的に鍛え上げる。

さらに韓国の場合は、就職が日本より格段に難しい。大学を卒業しても就職できない若者が3～4割もいる。安定した生活が保障される就職先は、政府、サムスン、現代、LG、ポスコなど数えるほどしかない。それらに就職した場合と他の会社に就職した場合では、生涯収入で月とスッポンほどの違いがある。

だから大学生になっても、日本のように勉強をサボって遊びまくることはない。常に就職を念頭に置きながら科目を選択して猛勉強する。そういう熾烈な受験戦争が韓国では今なお加速し、それに伴って親の収入格差（および〝根性〟格差）による教育格差も拡大の一途をたどっているのだ。

北欧型ロハス教育「三つの大切なこと」

これらの国に対して、教育格差が小さい国としては、北欧諸国が挙げられる。北欧諸国は国家が最低限の生活を保障してくれるので、いわゆる貧困層がなく、基本的に教育の機会も均等、かつ無料である。

なかでもフィンランドとデンマークの教育は、韓国型詰め込み教育の対極にある。日本の教育のように知識の丸暗記ではなく、答えのない世界で自分なりの答えを見いだすために「考えること」を教える。「先生」という呼称を禁止し、すべての問題においてクラスのディスカッションから結論を導き出すトレーニングを重ねる。

さらに北欧型のロハス（LOHAS＝Lifestyles Of Health And Sustainabilityの略。環境と共存しながら、健康で持続可能な社会を志向するライフスタイルのこと）教育は三つのものを非常に大切にする。

一つ目は「家族」だ。学校で過ごす時間よりも家族で過ごす時間のほうが大切だということで、誕生日やクリスマスなどのイベントの時はもちろん、バケーションも必ず家族一緒に過ごす。たとえば3か月もある夏休みは宿題もないので、そのうち1か月ぐらいは家族みんなで大自然の中のコテージやバンガローに行き、夕食は近くの川で釣ってきた魚や森のキノコでバーベキューを楽しむ、というような生活を送る。

二つ目は「コミュニティ」だ。自分が住んでいるコミュニティにどんな貢献をするか、ということをとことん考えて育つ。この教育の特長は、年齢の違う人々が目的別に活動するので、リーダーシップを学んだり、自ら発揮する機会も多い。日本には全くない重要な教育機会である。

そして三つ目が「地球環境」だ。世界の環境関連NPOのリーダーに北欧出身者が多いのは、こうした教育と無縁ではない。

日本に追いつけ追い越せで詰め込み教育を加速してきた韓国と、その対極にある北欧——世界の教育界の潮流を大きく分ければ、この両極に二極化しているといっていいだろう。

ひるがえって、日本の教育はどうなのか? 一言でいえば、韓国型とも北欧型とも違う、その中間の「ちんたら教育」で、実に中途半端な最悪のポジションだ。

日本の子供たちはひ弱で能力も足りず、「ビジネス新大陸」で生き残っていくための準備が全くできていない。家庭も、コミュニティも、地球も、教育の中核的な構成要素ではない。結果、自己中心の人間ばかり育ち、そのくせ世の中のことは何も知らない。世界に出かけて行って勝負するだけの英語力も勇気も根性もない。だから国際的なリーダーも生み出せない——。彼らがこれからの世界でどのようにして生きていくのかと考えた場合、国内の教育格差よりも、世界との「能力格差」や「リーダーシップ格差」のほうが、よほど深刻な問題だと思う。

現実問題として、もはや日本が韓国型（つまり、かつての日本型）の詰め込み教育に戻るのは無理だろう。となると、北欧型のロハス教育を目指すしかない。

要するに、日本の教育の問題はお金ではなく、内容が悪くて世界に通用する人材が育たないことなのだ。教育費を支援した結果、仮に大学進学率が上がったとしても、（文部科学省の指導要領を伝達するだけの）今の日本の先生による「ちんたら教育」のままでは、世界に通用する人間は育たない。むしろ彼らとの接触時間を短くしたほうがよいとさえ私は思っている。

放っておけば日教組の代表みたいな議員まで抱えている民主党は、内容を変えないで「無料化」「少人数クラス」「ゆとり教育の復活」などに走りかねない。そうした党内の力学を断ち切って、世界との深刻な人材格差を埋めるための計画に取りかかってもらいたいものだが、政権交代してから何度も首相の首がすげ替わっても、そうした改革の片鱗（へんりん）すら見られないのが現実である。

民主党の基本政策改善案①「基礎自治体」

それどころか、民主党政権は、ただでさえ膨大な日本の借金を積み増している。「事業仕分け」と称して無駄な予算を削る取り組みが話題になったが、ほとんど意味のないことだ。蓮舫議員や枝野幸男議員などが個別の事業について判定したが、個々の仕分けを最終的にまとめた末にどんな全体像を描こうとしているのか、まるで見えてこない。そもそも、この「仕分け」なるものは、従来、財務省が予算編成前にやっていた作業とどう違うのだろうか。結局、財務省の役人たちは自分たちがやるべき折衝を自分たちが悪者になることなく、しかも自分たちが描いたシナリオ通りにやってもらっているようなものである。百歩譲って、民主党の事業仕分けに従来の隠された予算折衝のプロセスを白日の下に公開したという〝功績〟があったとしても、彼らがやっていることは、普通の会社のコストダウンと同じで、コピーする時は紙を両面使えとか、昼休みは部屋の電気を消せ、といった個別の微調整に終始するだけで、全体的な経費削減効果は上がらない。

それよりも、これまで民主党が主張していたコンセプトを本気で進めれば、予算が5分の1、10分の1とカットでき、日本の人材力も上げられることを、本書で提案したいと思う。その軸となるものは、大きく分けて四つある。

まず一つ目は「基礎自治体」構想である。民主党案によれば、人口30万人規模で全国300前後の基礎自治体をつくり、そこに財源や権限を委譲するという。これは非常に重要なコンセプトである。現在のように国の予算から始まって、それが省庁や都道府県に下りてきて、さらに最後の受け皿として市町村が中央政府の執行機関としてあるという中央集権体制とは対照的に、地方自治体がすべての基本に位置付けられている（ただし、民主党案では、私が主張するような「道州制」の概念がないが、それはここでは問わない）。この個々の基礎自治体を出発点として、個々の予算から議論を積み上げていったほうが、よほどコストダウンに繋がるのだ。

人口30万人の基礎自治体を運営するには、どんなモデルがありうるのか。30万人が安全、安心、そして知的かつ快適な環境に暮らせるようにするためには何が必要なのかを考える。当然、警察が必要だろうし、消防もなくてはならないし、小学校があって中学校があって、さらにゴミ収集や清掃作業も必要になって……というふうに、パソコンゲームの「シムシティ」よろしく、街づくりに欠かせない要素を積み上げていくのだ。まず役所が初めにありき、ではなく、30万人の生活に必要なものを揃えていく。そして、それぞれいくらあれば運営できるのか、そのうちどれぐらいを企業や組織が負担して、個人はいくら負担すればよいのか、それほどコストがかかるのであれば、我が町ではこのぐらいの規模でやりましょう、という話になる。

法律もまた、基礎自治体ごとに変えてよい。たとえば、第4章で述べたように建築基準法もそれぞれの地域・自治体で決められるようにする。そうすると、ある町では海外で組み立てた住宅が格安で輸入できるようにしたり、全く新しい工法で建てられたビルや家屋が立ち並ぶ街があったりしてよい。現在のように日本中どこへ行っても金太郎飴みたいに同じような街並みが続くのと違って、自治体によって風景まで変わるのだ。それで、たとえば隣の自治体のほうが住宅も安くて環境がよいとなれば、そちらに移住する住民も出てくるだろう。我が町は人気がなくて人口減少が始まったとなれば、どうすれば住みやすい町になるのか、隣の自治体には負けるなとばかりに、各々の基礎自治体が本気で考えざるをえなくなる。

八百屋さんが小学生に算数を教えたら…

小学校の先生の数も、5分の1で済むかもしれない。なぜか？

優秀な先生が1人いたら、いくつもの教室と先生をネット回線で繋いで、サイバー授業をすればよいのだ。私自身、今も多くの大学・大学院や経営管理職向けの授業で実践しているが、パソコンやiPadが1台あれば何百人もの学生を同時に直接指導できる。むろん小学生の場合は、単に知識を教えるだけではないので、子供たちを補助するティーチング・アシスタントのような人が必要になるだろうが、基礎的な学校の勉強はサイバーで全く問題ない。

加えて、地域住民や父母（あるいは祖父母）がボランティアで子供たちを教える機会をどんどん増やしていったらどうか。たとえば、八百屋さんがリンゴの仕入れの数と売り上げの数を例に出しながら商売の実態を教えればよい。詩の朗読なら、お母さんたちのほうが上手かもしれない。コンピューターの授業があれば、東芝や富士通の社員が教えに来ればよい。危険が身に迫った時にどうすればよいか、自分よりも他人を気遣うことの大切さといったことは、消防署や病院の人が具体例を挙げて教えてくれたら、きっと子供たちも夢中になって学ぶと思う。また、企業の側でも、社員に対して年間20日間ぐらいはこうした公共的な教育活動に従事するように指導していく。

このような〝地に足がついた教育〟には、何重ものメリットがある。

消防署はこんな大変な仕事をやってくれているのか、魚屋さんや八百屋さんは近所の人のために朝早くから働いているのかなど、大人の社会と仕事・職業に対する子供たちの理解がまるで違ってくるはずだ。と同時に、一方の大人たちも、子供の教育を１００％他人任せにしないで、自分が住む地域の子供たちに無限の興味を持って接するようになるだろうし、そもそもコミュニティとはどうあるべきかを考えることにも繋がるだろう。

実際、今の日本では、教育を含めた地域の行政サービスを、まるで自分が宿泊したホテルでルームサービスを頼むかのように考えている輩がたくさんいる。家の前にゴミが溜まっているのに掃除に来ないとか、１１９番したのに救急車が来るのが遅いとか、もっと道路を整備しろとか、文句ばかりつけている。

だが、本来のコミュニティとは、隣近所で助け合って生きていくための単位であって、隣のおじいちゃんが倒れたとなれば、向こう三軒両隣で声をかけ合って、介助する人や病院に電話をする人、車を出して救急病院まで運ぶ人……というふうに皆で分担するべきものなのだ。誰もがそういう意識を持てば、お互いの仕事に対する敬意も生まれてくるし、そのコミュニティはもっと住みよくなり、社会負担が減って税金も格段に安くなるはずである。

かくして行政コストは10分の1にできる

逆に、たとえば市役所での窓口業務などは不要になるだろう。各種の許認可手続きや登録業務は、基本的にはすべてサイバー化して、24時間いつでもどこでもパソコン上で手続きするようにすればよい（もちろん、お年寄りにも使い勝手のよい地上デジタルテレビ放送の双方向機能を使ったシステム開発は必要だが）。さらには、各基礎自治体の責任者が話し合って、アウトソーシングできるものはどんどん共通化していけば、市役所の人間すら不要になる。窓口にはせいぜい1人いて、相談の内容によって専門家に繋ぐだけでいい。

究極的には、教育、医療、介護などのように生身の人間が介在しなくてはできないこと以外の行政の業務は限りなくカットできるだろう（考え方としては、教育、医療、介護などに今以上に人員と労力を振り分けることになる）。

もともと、役人たちの世界では〝整数論〟がまかり通っている。どういうことかというと、たとえば図書館では本を整理する人が1人必要になると、1・0人分の予算がつく。1人じゃ足りないとなると、次は2・0人分の予算がつき、さらに足りなければ3・0人分の予算になる。

しかし一般企業では、こんな話は絶対に通らない。トヨタ自動車やパナソニックなどは、いわば〝整数論〟を〝小数論〟にすることによって、生産性を向上させてきたのだ。工場内の一つのセクションを20人でやっていたとすると、次の年は同じことを12人でやれるようにしよう、さらに工作機械を導入してこれを6人でできないか、そのためにはどうすればよいかと考え、「多能工」化を進めた。さらに1人の人間の労力や時間を〝小数〟まで分けて、それを最大限生かすための工夫を重ねてきたのだ。つまり民間企業では、0・3＋0・2＋0・5＝1（人）となるが、整数論しかない役所では、この解が「3（人）」となってしまう。

これまでの役人の発想では、どうしても「自分の責任があるところでミスはできない」と思うあまり、〝整数論〟しか受け入れられなかった。だが、基礎自治体として各々のコミュニティから積み上げていく時には、こうした行政サービスをどうするのかということも、コミュニティごとに決めればよいのだ。

概して、サービスというものはタダだと思うから、もっと欲しい、もっとよくしてくれということになる。具体的にその費用がいくらかかるのかを知ると、多くの場合、それなら要らないということになる。現在の健康保険も、患者の所得によって1割負担であったり2割負担であったりするが、病院ではその1〜2割分しか伝えない。しかし、トータルではこれだけの医療費がかかって、あなたと同じコミュニティの被保険者がこれぐらいのお金を負担しているのだということも全部伝えれば、病院に行くかどうか考え直す人も出てくる。同じように、一つの行政サービスに、実際にはこれだけの費用がかかっているのだとわかれば、必要最小限のサービスにしようという発想も生まれるはずだ。あるいは、たとえば収入の2割分を住民税として取られるぐらいなら、その2割相当分をお金ではなく自分の時間を使って小学校で子供たちに教えるようにしようという人も現われるだろう。

その判断を、国——つまり〝仕分け人〟と呼ばれる国会議員——にやらせるのではなく、自分たちでやろうというのが、基礎自治体構想の要諦なのだ。その結果、しばらくしたら「やはりあのサービスは必要だった」とか「このサービスは間違っていたかも」といった改善すべき点が出てくるはずだ。それは、300の基礎自治体ごとにケース・スタディができるわけだから、お互いにそれらの失敗を学習し合えば、数年後には素晴らしく質の高い行政サービスが実現しているだろう。こうしていけば、行政のコストは現在の10分の1にすることも十分可能だと思うのだ。とくに各自治体の共通部分をクラウド・コンピューティングという方法で第三者が安く提供すれば、自前でシステム構築する必要もなくなる。

そして、ここまで読んできた読者は、改めて「事業仕分け」というイベントがいかに無意味か、ということがわかっていただけると思う。

地方にこそ逸材がいた戦国時代に倣え

また、地方分権の論議をすると必ず中央の官僚側から出てくるのが「受け皿論」、すなわちそれを担う人材が地方にはいない、というものだ。人材がいないから「分権」してもパニックになるだけだ、と。

しかし、これも案ずるには及ばない。そう危惧している中央の官僚が、地方に行って助ければよいのである。私が主張する行政コストカットをすれば、中央官庁の役人もまた、現在の半分以下で済む。そこで〝宙に浮いた〟人たちに、地方の改革のために協力してもらえばよい。そうすると、さらにまた新たなメリットが生まれる。中央よりも地方にこそ意思決定を伴う面白い仕事があることになるから、優秀な人間ほど、地方を目指すようになるのだ。

改めて想起してほしい。そもそも、日本全体が最も活気づいていたのは、戦国時代だったではないか。当時の戦国大名たちは皆、自分の思うように居城を築き、城下町をつくり、その土地その土地の地勢に合った都市を形成していった。そのうえで、もし他藩に攻め込まれて負ければ、それはすべて自分たちの責任だ。当時は300諸侯と呼ばれていた各藩の藩主は、いわば300余のCEO（最高経営責任者）だったわけである。

賢明な読者なら、さらにここから一つのアナロジー（類推）を導き出すだろう。つまり、第4章で述べた中国の現況は、戦国時代の日本さながらなのだ。中国大陸に人口100万人以上の主要な都市は180ほどあるといわれるが、まさにそれぞれにCEOがいるという状態なのである。なぜ中国経済がこれほどまでに爆発的に成長したかといえば、朱鎔基前首相が、中央集権体制をひっくり返し、共産党というイデオロギーと人事権を温存しながらも、経済に関しては完全に地方自治に舵を切ったからである。これこそ中国の強さの要因であり、同時に今の日本（の仕掛け）が中国に勝てない理由なのだ。

改善案②　成人年齢を18歳に引き下げよ

民主党の基本構想の中で、本当に日本を変える「四つの軸」のうちの二つ目は、

「成人年齢を18歳に引き下げる」というものだ。

「18歳＝成人」説を主張すると必ず、今の18歳はあまりに幼稚すぎる、だから彼らを成人とするには抵抗がある、といった反論が寄せられる。私もまた、今の日本人の若者はあまりに幼稚だと思う。しかし、だからこそ、成人年齢を20歳まで遅らせるのではなく、18歳に引き下げるべきなのだ。18年間も生きてきた人間がまだ大人になれないような社会はおかしいではないか、と問い直さなければならない。

実際、ある調査によれば、世界185か国のうち主要な先進国を含む約150か国では「18歳以上を成人」としており、日本と同じように20歳を成人としている国はひとケタにすぎない。肉体的にも18歳成人というのは納得できるだろう。

成人年齢は、もちろん教育制度とも深く関係してくる。

これもまた、民主党が鳴り物入りで導入した「高校無償化」政策を前提とするならば、いっそ中学ではなく高校までを義務教育とすればいいと思う。義務教育の目的は、「自立できる社会人を養成すること」だ。それは当然、その土地その土地のコミュニティ（基礎自治体）が担うべき責任だから、そのためにコミュニティ全体が協力し合って「無償化」を実現しましょう、ということであれば、話の筋も通っている。

そうなると、教育カリキュラムも変わってくる。

今の教育プログラムは、英語のスペルやピタゴラスの定理は教えても、金を借りたら返さなくてはいけないとか、無知な人々を食い物にする新興宗教や詐欺集団に騙されてはいけないといった社会人の常識については、全くといっていいほど教えていない。

運転免許もまた「自立した社会人」には必要なスキルなのだから、アメリカと同じように高校の教科の一つとして授業で教えればよい。世界的に見れば、一般の国民が運転免許取得のためだけに高額な授業料を支払って自動車教習所に通う日本のようなスタイルこそ異例なのだ。卒業後に実際に車を運転するかしないかは個人の自由だが、免許の有無に関係なく同じ道路を利用するのだから、高校卒業までに最低限、免許取得に必要なルール（道路交通法）を学ぶべきだと思う。

そうなると、卒業のためには単に学問的な知識を問うペーパーテストだけでなく、お金に関する常識や社会全体のルールも勉強しなくてはならないし、ドラッグの問題を含めて健康に関する知識も必要になってくるだろう。

高校を卒業する時には、社会人としての責任を自覚して権利を行使する、また義務を全うする、などの誓約をさせたうえで、「社会人カード」（すべての行政サービスに共通の背番号）を交付する。それが運転免許証、パスポート、年金カード、健康保険証などを兼ねる。もちろん投票でもこのＩＤが使われる。

義務教育を終了した18歳の成人は投票、飲酒、喫煙、運転、婚姻、借金など社会人が有するすべての権利を付与される反面、納税、刑罰などの責任も負うことになる。

今の日本では、投票、飲酒、喫煙は成人してから、ということで20歳である。しかし、バイクは16歳、自動車は18歳で免許が取得できる。だから〝動く凶器〟で事故を起こしても、社会的な責任を追及できない。

国民投票の投票権は18歳となったが、なぜ他の選挙権と異なるのか、国民に詳しい説明はなかった。自民党が法案を通すために民主党の言い分を盛り込んだだけである。

こうした矛盾をすべて解決し、また今の義務教育が中学（15歳）までなのに、高校までの授業料を無料にするという民主党の政策にも正当性を与えるのが、「18歳成人」と「高校の義務教育化」なのである。「民主党はバラまき政党」というイメージが定着しつつあるが、この一つの政策だけでも筋を通し、社会人の新しい定義とその育て方に大きな変革がもたらされれば、大多数の国民は支持する。また、そのような教育の改革が、今までの不毛な成人年齢に関する議論に終止符を打つことになるだろう。

職業人を養成するのが大学だとすれば、それは道州の責任となるが、社会人は前述したような基礎自治体の責任で育てねばならないという新しい指針が出れば、日本全国300前後の自治体のうち、どこが最も立派な社会人を創り出しているかという新たな競争が始まる。これもまた、社会の改革と活性化に繋がり、歓迎すべきこととなるはずだ。

改善案③　個人IDでさらに行政カット

「社会人カード」の発行を含めて、「成人年齢18歳引き下げ」の問題を突き詰めていくと、国民教育から社会とのかかわりまで、かなり基本的な問題を整理する政策にたどり着く。民主党の基本構想で検証すべき三つ目の政策は、「個人識別ID」すなわち「国民総背番号制」だ。

もともとこの考え方は自民党が何回か出していたが、今の民主党の前身の一つである旧社会党が「背番号は国民の監視に繋がり、また戦前の赤紙（徴兵制）に繋がるので反対」と唱えて今日まで実現していない、という経緯がある。もちろん朝日新聞なども反対に回っていた。

しかし、日本には国民と国家を繋ぐ基本的なデータベース（ＤＢ）がない。戸籍はデータベース化されていないし、住民票は基礎データとは考えられていない。また住基カードも大多数の人がまだ登録していない。

民主党が政権交代に向けて２００９年の総選挙マニフェストで主張した考え方では、年金問題解決のためにすべての個人に識別ＩＤをつけ、これを課税と年金のデータベース管理に使う、というものだった。また、社会保険庁を解体して国税庁と一体化した歳入庁（アメリカと同じＩＲＳ＝Internal Revenue Service）を創る、という考え方も述べられている。この考え方を採り入れた張本人は長妻昭厚生労働相（当時）だが、すでに彼自身が社会保険庁を「日本年金機構」という名称の団体に衣替えさせ、実質的に延命させている。

私は、民主党はもともとの提案に戻るべきだと考える。バイオメトリックス（生体認証）付きの非接触ＩＣカードで個人識別ＩＤを発行し、このデータベースを国が一元管理してすべての行政サービスを行なえるようにすべきである。デンマークなどでは生まれた時からこうしたＩＤを発行している。

もう一つの考え方は、前述したように、成人年齢18歳で成人した人にこの識別ＩＤを与える、というものだ。アメリカでは収入が発生したら、その時から社会保障番号

（ＳＳＮ）が与えられる。この番号は納税や年金だけではなく、銀行口座を開くにも、運転免許証を取るにも必要となる。ちゃんと納税していなければ、いくつかの行政サービスは受けられない、ということになっている。

日本では省庁ごとに異なったＩＤを発行しているし、手続きもその都度記入が要求される。パスポートや運転免許証、年金手帳、健康保険証、納税証明書、身分証明書、各種許認可の申請――などすべてが、こうした国民データベースに基づいて行なわれると、今までのようにその都度記載する煩わしさもなくなる。

データベースをたどれば、納税だけではなく、病歴や処方箋なども見ることができるし、もちろん選挙の時のＩＤともなる。今のように総選挙１回ごとに１０００億円近い経費をかけることもなく、地上デジタルテレビ放送で候補者の紹介をして、プッシュホン（携帯または固定電話）やパソコンからでも投票できるようになるし、世界中どこにいても投票できる。税金に関しても、納税額や納税履歴に応じたかなり細かな特典を与えることもできるし、減税を通じた景気対策を打つことも経費をかけないで実行できる。自民党政権末期の「定額給付金」では結局全員に物理的に配布できなかったという悲哀を味わっている。この国に、国家と国民を結ぶデータベースがないからである。

先の基礎自治体構想と合わせて民主党が国民IDに基づく国民データベースを構築できれば、行政コストはさらに画期的に下がる。国、都道府県、そして市町村などが同じデータベースを使えるようになれば、行政の重複も、人海戦術でやっているサービスもすべて無人化、自動化できる。また、そうなるようにシステムとデータベースを設計すべきだろう。国家戦略局の最重要作業がこれだ、といっても過言ではない。

改善案④ 新興国を支援する多極外交へ

四つ目の軸となるのは、外交政策である。

民主党は、「東アジア共同体」とか「日米中正三角形」ということを、その外交方針の中で述べてきた。しかし、外交というのは、軍事力や人材力で決まるものだから、今の官僚や、官僚を無視した民主党の人材力では、米中と同格の正三角形を想像するのは難しい。軍事に至っては、戦後ずっと専守防衛体制で来ている我が国は攻撃力も抑止力も持たないので、そもそも外交力になりえない。1980年代には経済力や技術力で世界からチヤホヤされたこともあったが、最近はいずれの分野でも外交力に繋がるほどの力とは認識されていない。

実は世界の経済地図は、この10年間で大きく変わった。一つはアメリカのシングルヘゲモニーに狂いが生じ、対米一辺倒で来た日本外交が極めていびつになってしまったことである。それとともに新興国に先進国の余剰資金が流れ、巨大な人口を持つかつての貧困国が確実に成長軌道に乗ってきた。１９８０年代には日米だけで世界のＧＤＰの半分近くを占めていたが、今では先進国全部を足しても60％ぐらいにすぎない。

日本外交は軸足を中国や東アジアに置くだけではなく、世界最大のスーパー国家ＥＵ、ロシアとＣＩＳ諸国、中近東、ナイジェリアや南アフリカを中心としたアフリカ、ブラジルなど中南米、そしてトルコ、インドネシア、ベトナム、タイなどに個別に対応していかねばならない。いずれも十分注目に値する〝価値〟を持っており、日本外交は極めて多極化した新世界地図を等距離で捉えなくてはいけない。

外務省もアメリカンスクールとチャイナスクールを中心に人材を育ててきたが、それでは全く足りない、という状況である。ロシアといえば北方領土、中近東といえば石油、オーストラリアとカナダは資源、タイとインドネシアは低コスト労働力という観点は、もはや完全に時代遅れだ。どの地域も巨大な国内市場を形成しつつあり、社会基盤や産業基盤などの投資分野に日本が本格的かつ長期的に取り組めば、大きな外交力になる。個々の企業が出かけて行っても、(日本のお家芸である)原子炉の事例では、アブダビで韓国勢に敗退し、ベトナムではロシアに敗れている。総合商社といえども社会インフラの構築では間口が足りない。

民主党の取り組むべき外交課題は、「日米中正三角形＋東アジア共同体」にシフトすることではなく、発展する新興国の国づくりに(ODAなどの汚れたカネを貸与する従来のやり方ではなく)正面から取り組む新しい人材と組織体を構築することである。これは、いわば極めて多極化した外交方針への転換であり、ODAのバラまきを外務省の存立意義と考えていた従来のやり方を改め、相手国の発展そのものに親身になって取り組むことである。

多くの場合、これはBOT(Build Operate Transfer)といわれる方式を意味する。すなわち長期ファイナンスを前面に立て、建設から運営までを数十年にわたって責任を持って行ない、その後、資金を回収した暁には現地政府に当該施設を返却する、というものである。これは当事国の人間そのものになる、ということであり、ODAのような「あとは野となれ山となれ」という無責任なものとは根本的に異なる。資金、人材、技術の3拍子がなければ成功しないし、単年度主義の従来のやり方では全く歯が立たない。

外交は10年単位で相手国の基盤づくりを手伝うことによって、関係の維持・改善を図るという役割を担う。日本が戦後の著しい経済発展を遂げた理由は、まさにその（暗黙の）ノウハウがあったからであり、これを今「可視化」して外交力の中心に据えなければならない。新興国の少なくとも20か国ぐらいとそうした互恵的な関係を結ぶ――それこそ民主党が目指すべき新たな多極外交政策なのである。

エピローグ　（発想の転換）

そして個人は「グッドライフ」を求めよ

「国が富む」とは個人が生活を楽しむこと

ここではもう一度、本書の主眼である「心理経済学」「その気にさせる経済学」という視点に立ち返ってみたい。

全世界がインターネットで繋がり、経済のボーダレス化が進んでいる今、「あの国ではこんな景気浮揚策がうまくいった」ということがわかれば、日本でも同様の政策が有効になってよいはずだ。にもかかわらず、他国に比べて、明らかに日本は消費者の「心理」が冷え込み、経済がシュリンク（縮小）している。なぜなのか――。

結局のところ、経済を膨らませるのは、個人の「欲望」である。週末は別荘に行って趣味を楽しみたい、家族揃って大画面テレビで映画を観たい、人気のショップで思う存分買い物をしたい……そういった欲望が大きな潮流となって国の経済を左右する。「国が富む」とは、つまり、「個人が生活を楽しんでいる」ということなのだ。

ところが、日本人は「欲望を抑制する」という点で皆が一致しやすい奇特な国民である。少なくとも先進国では、デフレが15年以上も続く国などなかった。また、デフレとともに給料も下がる一方なのに、それに怒りの声を上げる人も少ない。むしろ、食べるだけならスーパーやコンビニの「300円弁当」で十分だ、寝るだけならテントと寝袋があればよい――といった具合に、いかにお金を使わずにやり過ごすかといった節約術が、テレビやネットに溢れている。

また、いわゆる「草食系男子」は、私が以前から「物欲・出世欲喪失世代」とか「ミニマムライフ世代」と呼んで注視していた層と重なるが、彼らはまさに「欲望を抑制する」ことに熱心で、驚くほどモノを買わない。これは、もはや社会現象を超えて、構造不況の原因となっている。いま30歳前後から下の年代である彼らが、今後、消費の担い手となる年代になればなるほど、この構造不況は深刻になるだろう。

私は、「物欲・出世欲喪失世代」よりも上の世代、とくに彼らの親の年代にあたる「団塊の世代」に期待すべきだと考えている。団塊世代の生き方を変えることで、今後10年から20年ほどの日本経済を支える消費の原動力になる可能性があるからだ。

第4章で触れたように、団塊の世代が受け取る退職金は約80兆円に上る。もし彼らが、「貯金は死ぬまでに使い切る」という考え方に転換してセカンドライフを楽しむようになったらどうなるか。ローンなど借金の返済に回る約20兆円を差し引いたとしても、ざっと60兆円ほどが手元に残ることになる。この資金の大半が消費に回ることになれば、その景気浮揚効果は莫大なものになるだろう。

子育てや住宅取得など、お金の使い道がたくさんある若い世代に資金的な余裕がなかったために低迷していた消費も、がらりと変わるに違いない。

そして当然、税収増が期待できる政府や地方自治体も、これを支援する施策を打ち出すべきだろう。本書の第4章や第5章で書いたような様々な規制緩和やセカンドライフ支援を行なうことで、中高年のライフスタイルを〝世界化〟し、充実した「グッドライフ」を送ることができるように促す役割があるのだ。

これこそ、これからの日本に残された数少ない「打ち手」だと思う。

定年後のライフプランなき50代日本人

そもそも、日本経済が活性化されない要因の一つは、日本人のライフスタイルや価値観が〝世界化〟されていないことにある。

第4章で、これからの日本の政治の目的は、国民の安全・安心な生活はもちろんのこと、人々が「充実した毎日を送っている」「人生が楽しい」「この国に生まれてよかった」と思えるような「グッドライフ」を追求することだと述べたが、個人の側もまた、政府の無駄や無策を許さず、自分たちのグッドライフ＝今よりもっとよい暮らしを希求すべきだと思う。

たとえば、一流大学を出て一流企業に就職し第一線で働くビジネスマンが、入社20年後にどのぐらいの資産を持ち、どんな暮らしぶりをしているのか、欧米と日本を比べてみればよい。日本人の暮らしがいかに貧しいものかが浮き彫りになるはずだ。

ファンド・マネージメントが〝国民的スポーツ〟になっているアメリカ人などは、もともと資産運用やリタイア後の生活設計に熱心だが、日本と並んでワーカホリックな国民の代表だったドイツ人までもが、今や自分自身の「グッドライフ」をどう手に入れるかに夢中になっている。

彼らは、週のうち1日は自分の将来設計と資産運用のために時間を費やし、タックスプランニング（節税対策）をどうするかとか、老後の移住先をスペインにすべきかトルコがいいかギリシャにしようか、それなら今年のバケーションはどこに行ってみようか、などと思案している。彼らはたいてい、ドイツ国内にもすでに自分の別荘を所有しているが、歳をとるにしたがって、南の地に〝終の棲家〟を求めるようになる。定年後に自分たちが移住するまでは、そこを別荘として貸し出して、その運用益でローンを相殺するのだ。

これに対して日本では、たとえ一流企業で働いているようないわゆる〝勝ち組〟のビジネスマンでも、苦労して頭金を貯めてようやく郊外に戸建てやマンションを購入したものの、毎月の住宅ローンの返済や子供の教育費を捻出するのに精一杯で、別荘どころか趣味に費やす余裕すらないという人が大半ではないだろうか。

少なくとも統計の上では、日本はアメリカに次ぐ世界第2位の金融資産を持っている。しかも日本人は、その資産をゼロに限りなく近い金利の銀行に預けたまま、アメリカやヨーロッパ各国と比較すれば全くといってよいほど運用していないにもかかわらず、総額1400兆円もの個人金融資産を貯めこんできたのである。それなのに、これほどまで暮らしぶりに差がつくのは、日本人の多くが自分のライフプランを持たず、とくに定年退職後のセカンドライフを充実させようという意識が希薄だからだ。

たとえば、私が主宰する「大前経営塾」では、12か月間の履修コースの最後に、「あなたは定年退職後に何をやりたいか、20個書き出しなさい」という宿題を出すのだが、皆だいたい3個ぐらいで、多くても5～6個ぐらいしか書き出せない。受講者の大半は、40代後半～50代前半の部課長クラスである。つまり、定年まで残り10年を切った人でも、定年後のことについて何も考えていないのである。

しかし、定年後の自由時間は、彼らが予想しているよりもはるかに長い。

老後は「会社にいた時間」よりずっと長い

現在、日本人の平均寿命は、男が79歳、女が86歳である。だが、この数字は生まれたばかりの赤ん坊がこれから何年生きられるかを推計した数字（若くして亡くなるケースも統計の中に入っている）であって、今すでに50歳以上まで生きている人の余命（残存寿命）は、この平均寿命よりも長くなる。

たとえば、現在60歳の平均余命は、男が23年、女が28年にも達する。つまり、男性なら83歳まで生きられることになる。亡くなるまでに、介護を受けずに元気でいられる期間を仮に約20年間とすれば、その余生の自由時間（睡眠、食事、入浴などの時間を除き、1日12時間とする）は、12時間×365日×20年＝8万7000時間にもなる。

これに対して、22～60歳までの現役時代に会社で働く時間は週休2日、1日8時間労働として、8時間×250日×38年＝7万6000時間。つまり、セカンドライフは会社で仕事をしていた時間よりもざっと1万時間も長いのである。

この膨大な自由時間に何をするのか？

前述した大前経営塾の受講生を含めて、多くの人が挙げるのが、「ゴルフ」「釣り」「山登り」「旅行」「お遍路」「蕎麦打ち」「晴耕雨読の生活（＝農業や読書）」といった趣味だ。しかし、ゴルフや釣りや蕎麦打ちは1週間続けたら飽きてしまう。世界一周旅行や四国88か所巡りも1年あればやり終えるだろう。とても8万7000時間はつぶせない。

私自身は若い頃から、クラリネット演奏、船遊びや釣り、スキューバダイビング、オフロードバイク、水上バイク、スキー、スノーモービルなど、老後に備えて趣味をどんどん増やしてきた。その経験からすれば、アウトドアとインドア、そして海外という三つのカテゴリーで、自分1人でできること、仲間を募ってやることなどを織り交ぜながら、自分が楽しいと思う趣味を20個ぐらい持てるようにすべきだと思う。

リタイア後のセカンドライフを充実したものにする趣味を見つけるためのキーワードは、「好奇心」と「向上心」だ。好奇心だけでなく向上心も一緒に持ち続けるのはなかなか難しいが、この二つは表裏一体のものだ。向上心を持たずに好奇心だけでつまみ食いばかりしていたら、それは単なる自己満足にすぎない。何をやっても長続きはしないし、本当の面白さもわからないだろう。その意味でも向上心は不可欠なのだ。

では、向上心を持ち続けるにはどうすればよいのか？　まず自分なりの「目標」を少し高めに設定し、それを達成しようとすることが重要だ。○○との試合に勝つ、タイムで□□を切る、△△を何回やる、というように具体的なターゲットを定めるとよい。たとえば、私の友人で登山が趣味の福岡県の経営者は、九州の山をすべて征服することを人生の目標に掲げ、すでに７００以上の山に登っている。

高めの目標を達成しようとすれば当然、かなりの自助努力が要求される。しかし、そのほうが生活にリズムができて、張りのあるセカンドライフになるはずだ。そして、自助努力を続けるために必要なのが、一緒に練習したり競い合ったりする「仲間」と、努力の成果を披露することのできる「舞台」（発表の場）である。スポーツの分野であれ、芸術的な分野であれ、実用的な分野であれ、１人で孤独にやっていたら上達は遅いし、楽しさも半減してしまう。逆にいえば、普段から一緒に練習し競い合う仲間がいて、成果を披露する舞台が用意されていれば、上達は早くなるし、楽しさも倍増するだろう。

現役時代とは違うコミュニティに入れ

前述したように、私自身、いくつもの趣味を持っているが、趣味ごとに違う仲間がいる。ところが不思議なことに、その中にサラリーマンはほとんどいない。大半は自分で小さな会社や店を経営していたり、大工、塗装工、配管工、板金工、電気配線工といった手に職を持っている人たちだ。サラリーマンは日本の就業人口の7割を占めているし、私は特別にお金のかかるようなオフの過ごし方はしていない。にもかかわらず、サラリーマンを見かけないのだ。

たとえば、スノーモービルの仲間は、たまたま信州の雪原を走っている途中で出会った地元の愛好者たちだ。彼らは物好きなことに、零下20度の吹雪の山奥で、20人ぐらいでバーベキューを楽しんでいた。その時、プラグが壊れて困っていた私は、彼らから予備のプラグを分けてもらった。プラグは1個5000円ぐらいするので返さなくてはいけないと思っていたのだが、なにしろ広い山の中なので、その冬は巡り会うことができなかった。次の冬、ようやく彼らと再会し、お礼をしたのがきっかけで、仲間に加えてもらうことになった。この時に出会ったメンバーの職業は農業、猟師、駐車場経営、オートバイ修理などで、サラリーマンは1人もいないのだ。

私が思うに、日本のサラリーマンは趣味のサークルのようなフラットな社会が苦手なのではないだろうか。会社のように明確な上下関係があると上司の指示命令に従ってまとまるが、上下関係がないと、自分がリーダーシップをとってまとめることも、誰かのリーダーシップに従ってまとまることも難しい。皆がわがままをいい始めて統制がとれなくなるケースが多い。しかも、サラリーマンは会社関係以外に友達のいない人が多いので、定年退職して何もしないでいたら、友達はどんどん減ってしまう。

だが、それでは好奇心や向上心は生まれず、老け込んでいくだけである。楽しくて充実したセカンドライフを送るために欠かせない好奇心や向上心の源となるのは、「異質」との出会いだ。自分とは異質な人、異質な文化、異質な環境と接することで好奇心が刺激され、向上心も生まれる。現に、私は全く畑違いの分野の仲間たちとの交流から様々な刺激を受け、それまで経験したことのなかった新たな楽しみをたくさん見つけてきた。

そんな経験から、リタイアしてアクティブシニアになったサラリーマンは現役時代とは違う新しいコミュニティに入り、新しい人たちと知り合うべきだと思う。

どんな趣味も「遅すぎる」ことはない

自分が楽しめる趣味なら何でもいいと思うが、私のお薦めは、楽器の演奏とスポーツだ。

楽器は、若いうちから始めなければ習得できないと思っている人が多いが、そんなことは全くない。私の知人は、娘さんの結婚式で演奏したい曲があるからと、60歳近くなってからサックスを習い始め、夢を実現した。

音楽の最大の楽しみは合唱や合奏、つまり仲間と一緒に歌い、演奏することにある。音楽を通じて、新しい仲間と出会う楽しみもあるのだ。

スポーツも、楽しみながら心身のリフレッシュと健康維持ができるという意味で理想的な趣味だろう。とくにお薦めなのはマリンスポーツだ。スキューバダイビングや水上バイク、ウインドサーフィンやヨット、クルーザーまで、いろいろな楽しみ方ができる。日本でも1980年代まではマリンスポーツやマリンレジャーの人気が高かったのだが、バブル崩壊と前後して、一気にしぼんでしまった。実際、プレジャーボートの保有隻数は2000年頃をピークに減少し続けている。

しかし、ヨーロッパ、とくに北欧では、マリンスポーツはメジャーな趣味だ。ノルウェーなどでは、ほぼ2世帯に1艇の割合でヨットやクルーザーを個人所有しているほどである。そして、夏休みになると1か月とか2か月のバケーションをとって、海辺や湖、川のほとりでマリンレジャーや川遊びを楽しみながら、子供の頃から自然と親しむのが一般的だ。周囲を海で囲まれ、水辺の多い日本でも、もっとマリンスポーツが盛んになっていいと思う。

ところが、シニアになると、やっぱり「もう年だから……」といって、ゴルフ以外のスポーツを敬遠してしまっている人が少なくない。たしかにゴルフは面白いが、健康維持という点では大きな効果は望めないと思う。

ソニーの創業者の盛田昭夫さんも趣味でずっとゴルフを続けていた。しかし、ゴルフだけでは健康や若さの維持は期待できないと感じて、60歳になってからテニスを始め、65歳でスキーやウインドサーフィンに挑戦。そして67歳の時には、なんとスキューバダイビングのライセンスを取得した。60歳を過ぎてもエネルギッシュに世界中を飛び回り、分刻みのスケジュールをこなす仕事の合間をぬって、趣味を広げていったのである。

もともと無類の好奇心と向上心を持っていた盛田さんだからこそできたことでもあるが、もしあなたがまだ40代や50代であれば、「もう若くないから」「時間がないので」といったエクスキューズは禁句にしたほうがよい。

「価格破壊ウィークエンドハウス」のすすめ

セカンドライフをエンジョイするためには「どこで」「誰と」「どのように」暮らすのか、ということが、とても重要だ。

まず「どこで」については、「定年後は住む場所を変えたい」と考える人が増えている。たとえば、博報堂の団塊世代意識調査によると、首都圏と関西圏に住む男性の44%、女性39%が「2地域居住」に興味・関心を持ち、そのうち6割以上が「都心」と「郊外（リゾート地や別荘を含む）」の2地域に住みたいと考えているという。

また、読売広告社の調査では、首都圏に住む団塊世代の35%が「現在の住まいから住み替えたい」という意向を持っており、その人たちの住み替え希望エリアは、「現住居の近く」が36%、「地方や田舎へ」が26%、「都心部・中心部へ」が20%で、男性は「地方や田舎へ」が40%以上、女性は「都心部・中心部へ」が25%。男性は自然が豊かな田舎で釣りや野菜づくりでもしながらのんびり暮らしたいと思っている人が多く、女性はショッピングやグルメ、音楽・映画鑑賞、習い事などが日常的に楽しめる

●団塊世代の半数近くが「2地域居住」に関心がある

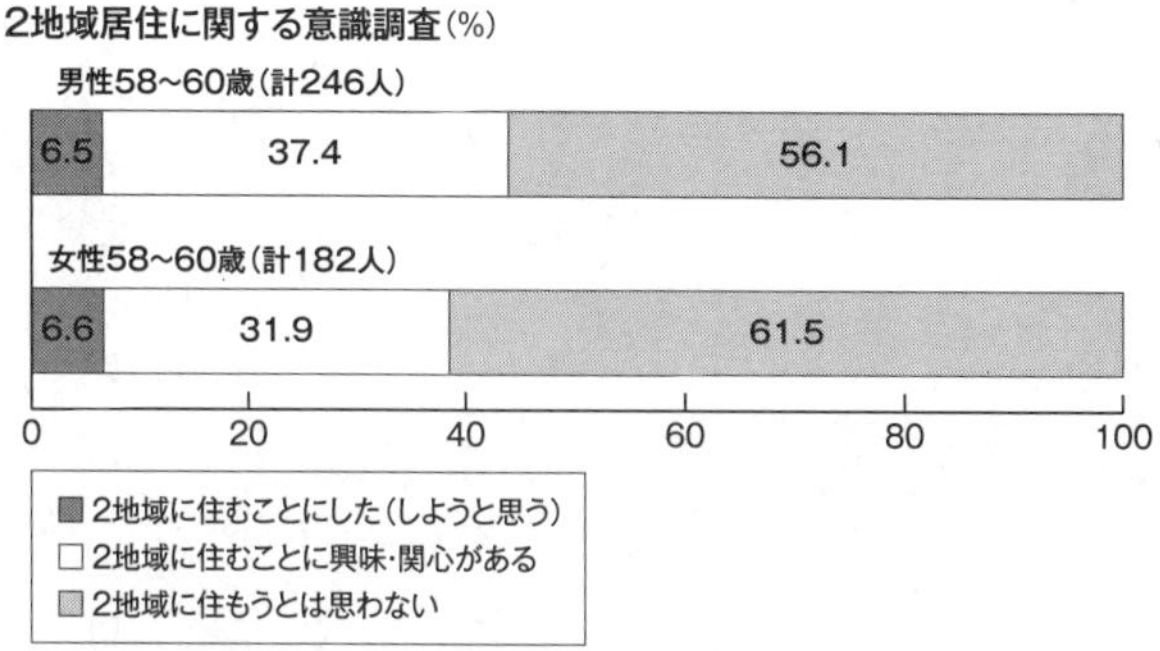

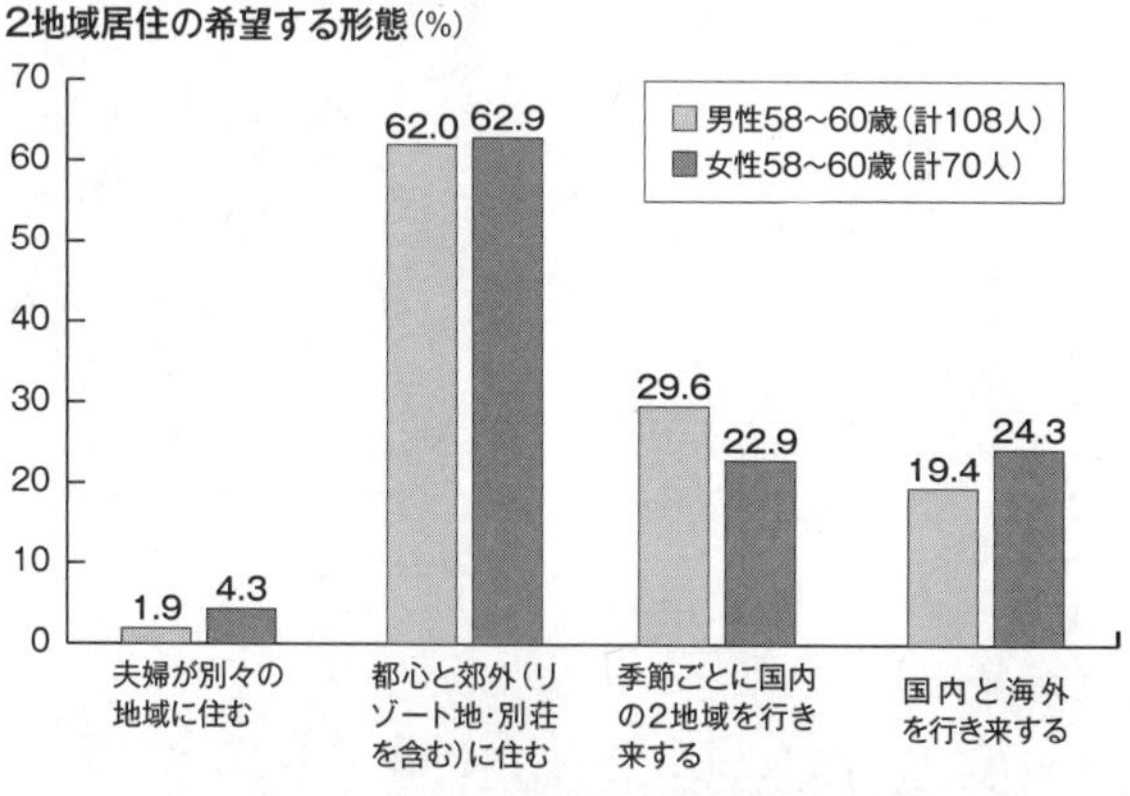

資料：博報堂エルダービジネス推進室による団塊世代意識調査

便利な都心暮らしを望む人の割合が高くなっている。

「誰と」「どのように」は、先ほどの読売広告社の調査だと「配偶者」が91％を占め、以下は「子供」28％、「親」11％、「孫」5％、「1人で暮らす」4％の順になっている。ただし、男女別に見ると「配偶者」は男性95％に対し女性は87％と下がり、「親」は男性は16％だが女性はやはり7％と相体的に低い。ちなみに「1人で暮らす」は女性7％、男性にいたっては0％という結果となっている。つまり、夫婦間の思いには多少のギャップがあるが、博報堂の調査でも「定年後は夫婦で仲良く暮らしたい」が80％だ。

というわけで、定年後に住む場所を変える場合、「どこで」は男女で志向が違うのでさておき、「誰と」「どのように」は「できるだけ夫婦で仲良く」が圧倒的なマジョリティといえる。したがって、夫婦がお互いに満足できる暮らし方を定年までに準備しておくことが大事だと思う。

でも、それは実際にはなかなか難しい。私自身、妻とは音楽という共通の趣味があるが、私が大好きなオフロードバイクやスノーモービルに妻は興味がない。このため、オフロードバイクやスノーモービルは同好の友人たちと楽しんでいる。

むしろ、こうした趣味を含めた新しいライフスタイルという意味では、私が以前から提唱しているウィークエンドハウスをすすめたい。

地方の別荘地では今、多くの物件が値崩れを起こしている。極端な話、1990年代に軽井沢で1億2000万円だった物件が、3500万円ぐらいまで下落している。築年数や立地にもよるが、私の別荘がある蓼科にも今や500万円台から600万円台の物件がしばしば売りに出されている。

これに関連する話で最近、和歌山県が県外から来る人に空き家移住を支援するというニュースがあった。居住が目的であれば、改修費用を最大40万円まで補助するというものだ。だが、大阪などからの移住を想定しているのであれば、居住を目的としないウィークエンドハウスでもOKとすべきだ。金曜の夕方から月曜の早朝まで使うとすると、大阪府内のGDPの7分の3が和歌山に移ることになる。和歌山県は「空き家率」が17・9％で全国3位だから、こうした政策をもっと刺激的なものにして地域経済を活性化すべきだと思う。

日本で最も空き家率が高いのは山梨県で20・2％、次いで長野県の19・0％となっている。実に5軒に1軒が空き家というゴーストタウンのような状況なのである。しかし、いずれのロケーションも東京都民のウィークエンドハウスとしては理想的な場所である。農家なども、今では200万〜300万円で売りに出ており、風呂や台所の改修に500万円もかければ、立派な家庭菜園付きの別荘ができる。都心のマンションを少し狭くして、浮いたお金で週末は自然の中でのんびりする、というのも悪くないライフスタイルだ。

実は、多くのサラリーマンがこうしたライフスタイルを選ぶだけで、日本経済は好転するのである。人々が人生をエンジョイすることで、モノやヒトが動き、地方にもカネが流れ、自然と経済のパイが大きくなる。そのぶん貯蓄は減るが、国の無駄遣いの原資も減るということである。

定年後に「毎年250万円」捻出する法

ウィークエンドハウスであれば、週末に夫婦揃って出かけても、奥さんがガーデニングやバードウォッチングを楽しむ一方で、夫がアウトドアスポーツに興じることができるし、平日は都心に一緒にいて、週末だけあえて別々に行動するというのもいいだろう。

いずれにしても、こうした新しいライフスタイルの実現や趣味への挑戦には、当然、お金がかかる。では、そのお金はどう捻出するのか？

これまでの著書で何度も書いていることだが、定年後の日本人は、明確なライフプランを持たないがゆえに、現実に即したファイナンシャルプランを立てていない人が多い。

年金制度上、いま50歳以上の人たちは〝逃げ切り世代〟になるから、定年後はお金が余ってくる。ところが、日本人はファイナンシャルプランを持っていないため、8割以上の人が余ったお金を墓場まで持っていってしまう。世界では高齢者になると金融資産は目減りしていくのが普通なのに、多くの日本人は年金の3割を貯金に回しているという統計があるほどだ。だから、約半数の日本人は高齢になればなるほど資産が増え、最後は平均3500万円もの資産を残してあの世に逝ってしまう。また、こうした事情のために資産運用にも熱心ではなく、1%以下の金融商品に平気で資産を寝かせている。

もし、定年後は年金と生保があるから80歳の時に貯金はゼロでいいと割り切ったら、65歳から15年間、毎年250万円ずつ余計に使える計算になる。毎年250万円使うのは、けっこう大変だ。1人25万円のヨーロッパ旅行に夫婦で年5回ずつ出かけねばならない。2万9800円の韓国アカすり旅行だったら、それこそ毎週のように行かないと使い切れないほどである。

なぜ日本人は年金も生命保険もあるのに定年後もせっせと貯金をするのか？

この質問に対する多くの人の答えは、「いざという時に備えて」だ。では「いざという時」とは、どんな時なのか？　最大の不安は「病気になったり、介護が必要になったりした時」だろう。日本人は歳をとるとみんな介護が必要になると思っているが、実際に介護の世話になる人は75〜79歳で全体の約15％という統計がある。大半の人は自宅で大往生するかポックリ逝く、あるいは病気になって病院で息を引き取るというパターンなのである。

もう一つの不安は、長生きした場合のことだ。80歳を過ぎてまだまだ元気だったらどうやって生活するのか、と心配している。もし、めでたくそうなったとしても、住む家も年金もあるのだから大丈夫だと思うが、「葬式代ぐらいは貯金しておかないと」という。そのくせ葬式にいくらかかるのか、見積もりを取っている人は少ない。私にいわせれば、「いざという時に備えて」というのは、考えることを放棄しているにすぎない。

実際、統計をとってみると、日本人というのは30代から老後に不安を感じて、ひたすら貯蓄に励んでいることがわかる。しかも、そうやって貯めたお金を死後に誰に残すのかと尋ねると、「使い切る」が2割、「相続人に引き継ぐ」が1割で、残りの7割は「未定」という答えが返ってくる。きちんとしたファイナンシャルプランを持っているアメリカ人やイギリス人などの場合、「未定」という回答は1割に満たない（つまり「使い切る」と「相続人に引き継ぐ」を合わせて9割）のと対照的なのである。

それならいっそ、目的も定まらないまま貯めるのをやめて、そのお金を自分自身の人生をエンジョイするために使ったほうがよいと思う（もちろん家族の同意を得たうえで）。アメリカでは一般的なリバースモーゲージ型生命保険（住宅資産を担保にした担保余力融資のように生命保険を抵当に入れて資金を借りることができる金融商品）などを参考にすれば、「いざという時」に備えながら資産を運用する方法はいくらでもある。

きちんとしたファイナンシャルプランがあれば、多くの人が豊かなアクティブシニアライフを送ることができるはずなのだ。そうした定年後の資産運用については、すでに『50代からの選択』や『遊ぶ奴ほどよくデキる！』などに書いているので、それらをご参照いただきたい。

〝いざ鬱病〟が国の無駄遣いを助長する

私が2006年に上梓した『ロウアーミドルの衝撃』という本は、台湾、中国、韓国では『M型社会』という書名で刊行され、よく売れている。実は、政治的にはこの「M型」すなわち二極化した社会というのは取り扱いが難しい。多くの政治家は恵まれないほうの人々に対して施策を練るのが仕事だと思っている。しかし、その政策の財源は恵まれた人々から税として徴収するか、消費をさせて経済を好転させて取るしかない。

この点をもう少し具体的に理解してもらうために、二つの図を見ていただきたい。最初の図は、年代別の収入分布である。これを見ると、高齢者は引退した後になっても、若者と同じくらいの収入を得ていることになる。

日本の問題の一つは、若者に収入も資産もないこと（しかも、この問題に対して政府は何の対策も講じていないこと）だが、資産のある高齢者が収入を得続けているのに各種の恩典が自動的に付いてきて、大きな無駄になっている。年齢で特典を付けるという考え方そのものを見直さない限り、この無駄はなくならないのだ。

私も65歳を過ぎているので、毎週のように役所から各種の無料サービスや年金の通

●「M型社会」＝高齢者も二極化が進んでいる

70歳以上の世帯でも20代とほぼ同等の所得を得ている

年齢・所得階級別の1世帯当たり所得分布（%）

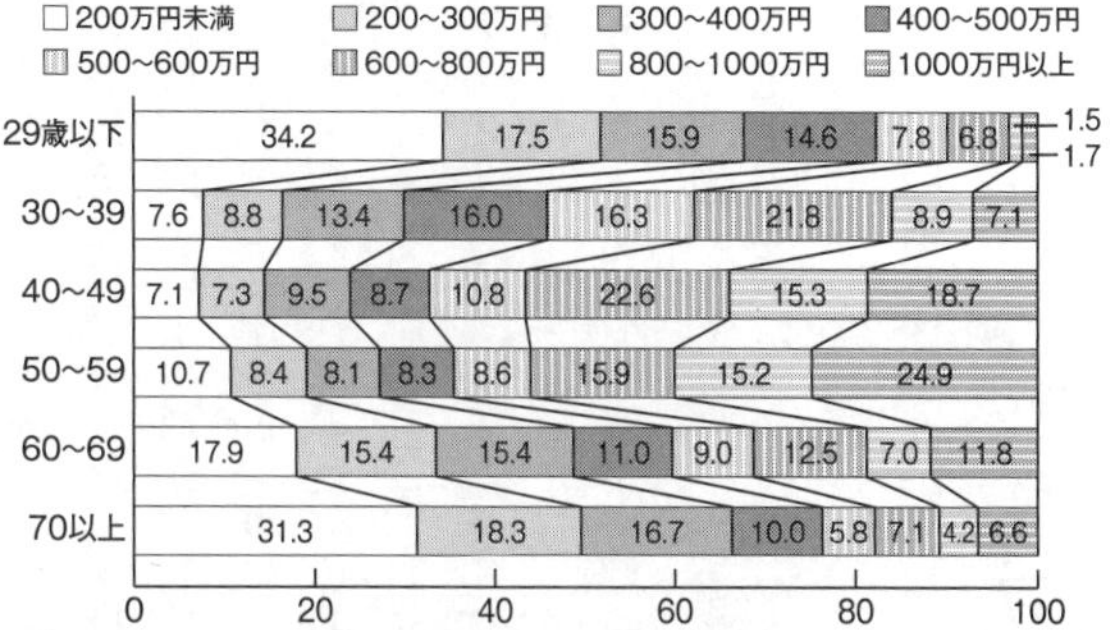

一方で高齢層でも貯蓄が500万円以下及び無貯蓄の世帯が4割程度存在する

年齢・貯蓄階級別の1世帯当たり貯蓄分布（%）

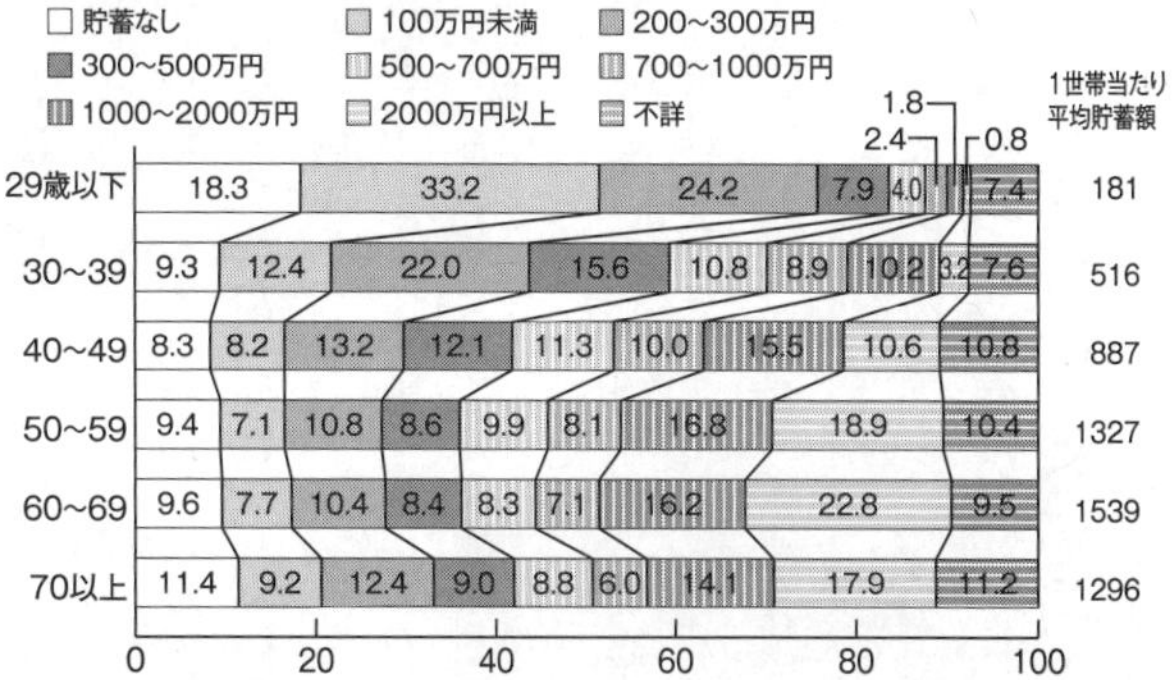

資料：国民生活基礎調査2007年調査
©BBT総合研究所

知が届くが、すべてゴミ箱行きである。私の場合は、自分で働いて稼いでいる以上、何か公共の恩恵を受けようという気は全くないからだ。

国の仕事は、いよいよ生活が苦しくなった時に頼れる制度を作ることであって、年齢別に制度を作るのは無意味である。私も、いざとなったら助けてもらいたいが、それはあくまでも憲法で保障されている「個人の尊厳」を失うほどの「いざ」という場合である。民主党も、野党の頃には生活保護と年金を一緒にして、この「最後の一線」を守ろうという考え方を提案していた。ところが今や、この政策はどこかにかき消えてしまった。

その一方で、もう一つの図が衝撃的なのは、日本においては高齢者は恵まれていると思われていたが、実は完全に二極化し、「M型社会」になってしまっているという点である。定年退職後に生活に困る人が増えている反面、お釣りが来るほど豊かな人も増えているのだ。

政治的には、引退して時間の余裕がある人を優遇する政策をとれば、(高齢者は投票に来てくれるので)選挙で有利だった。自民党はここに着目し、一貫して若者軽視・高齢者優遇でやってきた。しかし、高齢者がこのように二極化してくると、果たして年齢で社会制度を構築するという考え方が正しいのか、これから高齢者が圧倒的多数になってくる社会において恵まれた人にも同じような社会保障を出していくとしたら誰が負担するのか、といった点を真剣に考えなければならない。

このグラフは、貯蓄だけの分布であり、恵まれた人々はこのほかに住宅、年金、保険なども持っている。こうした人々は、今の政府が無策なので、「将来が心配」という国民病（私はこれを〝いざ鬱(うつ)病〟と呼んでいる）に罹(かか)っているのである。世界で最も恵まれている60歳以上の日本人たちの約半数は、ようやく訪れた人生の黄金期を比較的平穏に、かつ質素に暮らしている。彼らの持つ膨大な資金は、市場に出ることもなく、貯蓄や保険を通じて「国債」へと流れている。国がいつまでも無駄遣いできる理由がここにある。

また、皮肉なことに〝いざ鬱病〟の患者が、「いざという時」のために貯めたお金は、政党の「いざ」のために使われており、国債のデフォルト（債務不履行）などを通じて、本当に国が「いざ」となれば、二度と返って来なくなるのだ。〝いざ鬱病〟の人々が自分の人生をエンジョイするために、将来ではなく今、余裕資金を使うことが、国の経済のためにも、国の「いざ」を起こさないためにも必要なのである。

政治家は自分たちの仕事に意味を持たせるために、高齢者の年金や福祉をいじくり回してきたが、最も有効な経済対策は、国が一歩も二歩も退いて、この人たちが「グッドライフ」を満喫できるように側面支援に回ることなのである。

もう「政」「官」には頼まない

本書では、いま私の目から見えている「民」の姿、日本経済の実像をできるだけ率直に描いてみた。歴代の政府が、いかに「官」や「政」の〝見える手〟でこの国の経済をいじくり回してきたか、その結果、日本で最も豊富な財源である個人金融資産がフリーズしてしまったか、よくおわかりいただけたと思う。

我々個人の立場から見ると、この〝いざ鬱病〟は不治の病ではない。マスコミや政府があまりにも長い間、恵まれない人々への配分を要求するものだから、比較的恵まれた人々の心までが凍てついてしまっているのだ。

日本が工業化社会のチャンピオンとして世界第1位の1人当たりGDP、そして世界第2位の経済規模を誇るようになっても、日本政府はパラダイム転換をしてこなかった。

「さあ、これからは皆さん人生をエンジョイしてください。政府はそのお助けをします。決して妬んだり憎んだりして皆さんの足を引っ張ることはしません」と1980

年代の後半に宣言すべきだったのだ。「生活の質を上げて、コストを下げる」――これが見かけ上の1人当たりGDPが世界一となった国のメインテーマであるべきなのだ。恵まれない人々を守るのは当然のことだが、それが主目的の「最小不幸社会」では経済は動かない。恵まれた人の生活の質も改善しないのだ。

バブル崩壊から20年、日本はずるずると後退しているが、それは国民が「加工貿易立国」で引っ張ってきた経済が、いつの間にか政府〝大本営〟中心の大型景気刺激策ばかりとなり、我々の貯蓄がその抵当として巧妙に取られてしまっているからだ。個人金融資産は市場に出ることなく、政府と銀行に都合のよい超低金利の牢屋に幽閉され、気がつけばバブル崩壊時の2倍に膨れ上がってしまっている。個人の資産が次々とガス室に送り込まれている、というイメージが適切だ。

今の政府に、チアリーダーの役割を期待するのは、もうやめよう。どの政党も我々の足を引っ張るだけだということが、今回の政権交代でよくわかったはずだ。クレバーな政府なら、国民の膨大な貯蓄を利用して、グッドライフの提言を次々と繰り出すだろう。それが低コストでできることは、世界の先進国を見れば明らかだ。

しかし、「民の見えざる手」が凍りついてしまっている今、そしてこのまま政府が大盤振る舞いして国債のデフォルトで貯蓄もすべて失われることが見えてきた今、

「民」は行動を起こすしかない。

政党は、雨後の筍のごとく生まれては離合集散を繰り返しているが、我々は野党時代にあれほど真っ当な主張をしていた民主党が、政権を取った途端に自民党と寸分たがわない利権政党に変身するのを目の当たりにした。史上最大の無駄遣い予算と意味不明のバラまきを何の躊躇もなくやるのを目撃した。政党に期待するのは、もうやめよう。永田町には魔物が住んでいて、住人は一夜にして染色体が変わってしまうことがわかったのだから。

いくらいってもわからない為政者には、クーデターしかない。このクーデターこそ、日本を再生し、住みよい国にするための「民の見えざる手」である。民衆の蜂起である。

といっても、武器を手に取って立ち上がるわけではない。次の3項目が、私が提案する知的クーデターの概要である。

(1)まず共通認識を持つ

第1段階は、この国がなぜ長期低迷に陥ったのかを理解することである。結局、20

世紀の壮大な実験であった共産主義・社会主義の失敗あるいは北欧の行き過ぎた修正資本主義の失敗から、日本は何も学んでいない。今の日本政府は、国民が増税を拒否しているにもかかわらず、巨大政府としての無駄遣いを続けている。税金に換算すれば、今の2倍以上の税収がないと帳尻が合わない。その差額が、国債という将来からの借金だが、日本のように経済成長も人口増加もない国では、将来からの借金は返済できない。とくに日本は累積債務が対ＧＤＰ比で２００％を超えており、世界記録を更新中だが、これを税金で返すには消費税率を10％ぐらいにしても１００年かかる。25％にしたらもっと早く返せる計算にはなるが、消費そのものが落ち込むリスクも出てくるので、計算通りにはいかないだろう。

したがって、第1段階では、政府に任せていたり、税制論議で机上の空論を繰り返したりしていても状況はよくならないし、そもそも政府そのものの巨大化を許していては財政の悪化は直らないということを、我々が等しく認知する必要がある。

さらに、財政悪化はギリシャ危機以降、「ソブリン・リスク（政府や中央銀行など国家に対する信用リスク）」として市場から制裁を受ける可能性が高まっており、国民の金融資産が実質的に政府に取られてしまっている現状は、かなり危ない状態となっている。しかし、貯蓄を別の場所に移す選択肢は限られているし、もし皆が郵貯などから逃避すれば、それ自体が国債デフォルトの引き金を引くことになりかねない。日本の個人金融資産は国家の放漫財政の原資になっているわけで、この抜き差しならない状態が世界から見ると「安心」の材料となっているという皮肉がある。アメリカやギリシャのように、自国民があまり国債を買っていない場合は、むしろ国民は安心して生活をエンジョイし、日本や中国などがアメリカ政府の無駄遣いを助けていることになる。ソブリン・リスクに見舞われたスペインは、たとえ海外や地下に隠し持っていた資産であっても「スペイン国債を買ってくれたら、過去は問わない」という究極のやり方で、財政危機から脱却しようとしている。

日本の場合には、もう政府に期待しないので、ひたすら無駄を削って財政再建最優先でやれ、というしかない。景気刺激には、税金ではなく「民の見えざる手」を使うという条件で、だ。

(2)国債から資金を移動する

日本では、金融資産を貯めるという美徳が、即、国家の無駄遣いに繋がっているということがわかった。だからといって、国債から他の金融資産に一斉に移したのでは、国債が暴落して元も子もなくなる。そこで、このことを理解した人から徐々に貯蓄を取り崩すか、借金をしてモノに変えていこう。将棋崩しのように、気がつかれないように一つひとつ外していくことが肝心で、一斉に皆が外せば取り付け騒ぎになるし、預金封鎖に繋がりかねない。

具体的には、本書で述べたような都心再開発の安価なマンションへの移住や、ウィークエンドハウスの購入である。モノと借金（ただし固定金利）は、国債暴落やその後に続くハイパーインフレに強い。国に召し上げられる前に、自分の納得のいくライフスタイルに転換するため、自己資金や借金能力をフル稼働させるのだ。

早い者勝ちではあるが、皮肉なことに多くの人々がこのルートを通ると、経済は次第に上向いてくる。「民の見えざる手」のお出ましである。その結果、税収も上がり、国は無駄遣いこそできないが、国債破綻リスクも遠のく。「民」が動けば、政府が気づかなかった経済の活性化に繋がり、二重のメリットが出てくるのだ。

(3)自治体が動き出す

とはいえ、個人がバラバラに動いたのでは面白くないかもしれない。和歌山や長野の空き家も寂しい村の中にぽつんとあるだけなら、ウィークエンドハウスの楽しみも半減しかねない。第3段階は、本書で述べた民主党の政策の中にある「基礎自治体」構想の実現である。

つまり、受け入れ側の自治体も、都会の人々が移り住んできて田舎生活をエンジョイしてもらうための基盤整備をするのだ。もちろん、全国一律の法律ではなく、自治体ごとに独自の方法で街並みや学校を整備したり、コミュニティ活動を活発にして都会の人々も参加しやすくする。定年後には定住してもよいと思わせるような場所にしていくのである。一方の都会の側も、本書で述べたような建築基準法や容積率の自由化によって、自治体の独自政策で綺麗な街並みになり、従来よりもはるかに安いマンションが建てられるようになる。自治体はアイデアを競い合って、人々が移り住んでもらえるように安全・安心・安価な住環境を提供する「大競争時代」に入るのだ。

国のいうことを聞く代わりに国が落ちこぼれ自治体を救済していた今までのやり方とは、正反対のやり方である。民主党の中には、このような自治体の運営に賛成の議員もいる。しかし、役人と多くの（ロビイスト型）議員たちは、このことがわかっていない。わかっていないというより、「その時、自分たちの役割は何になるんだ？」と怪訝な顔をするのである。だが、「民の見えざる手」が機能するためには、「政・官の見える手」に休んでもらわなければならない。

日本は、この数年で今後の国家の命運が決まる。最後の決定権を持っているのは、その〝再起動〟のための原資を握っている「民」である。以上のような私の見解に、読者諸賢の知見と情報（そして行動！）を加えていただき、この国の経済と企業を変える〝駆動力〟になってもらえれば嬉しい。

２０１０年７月　大前研一

―――本書のプロフィール―――

本書は、二〇一〇年七月に、小学館より刊行された同名単行本に加筆・改稿のうえ文庫化したものです。

小学館文庫

民の見えざる手
デフレ不況時代の新・国富論

著者　大前研一

二〇一二年九月十一日　初版第一刷発行

発行人　森　万紀子
発行所　株式会社　小学館
〒一〇一-八〇〇一
東京都千代田区一ツ橋二-三-一
電話　編集〇三-三二三〇-五八〇二
販売〇三-五二八一-三五五五
印刷所――――凸版印刷株式会社

造本には十分注意しておりますが、印刷、製本など製造上の不備がございましたら「制作局コールセンター」（フリーダイヤル〇一二〇-三三六-三四〇）にご連絡ください。（電話受付は、土・日・祝日を除く九時三〇分～一七時三〇分）

Ⓡ〈公益社団法人日本複製権センター委託出版物〉
本書を無断で複写（コピー）することは、著作権法上の例外を除き、禁じられています。本書をコピーされる場合は、事前に日本複製権センター（JRRC）の許諾を受けてください。JRRC〈http://www.jrrc.or.jp　e-mail:jrrc_info@jrrc.or.jp　☎〇三-三四〇一-二三八二〉

本書の電子データ化等の無断複製は著作権法上での例外を除き禁じられています。代行業者等の第三者による本書の電子的複製も認められておりません。

この文庫の詳しい内容はインターネットで24時間ご覧になれます。
小学館公式ホームページ　http://www.shogakukan.co.jp

©Kenichi Ohmae 2012　Printed in Japan
ISBN978-4-09-408754-3

時をも忘れさせる「楽しい」小説が読みたい！

第14回 小学館文庫小説賞 募集

【応募規定】

〈募集対象〉 ストーリー性豊かなエンターテインメント作品。プロ・アマは問いません。ジャンルは不問、自作未発表の小説（日本語で書かれたもの）に限ります。

〈原稿枚数〉 A4サイズの用紙に40字×40行（縦組み）で印字し、75枚（120,000字）から200枚（320,000字）まで。

〈原稿規格〉 必ず原稿には表紙を付け、題名、住所、氏名(筆名)、年齢、性別、職業、略歴、電話番号、メールアドレス(有れば)を明記して、右肩を紐あるいはクリップで綴じ、ページをナンバリングしてください。また表紙の次ページに800字程度の「梗概」を付けてください。なお手書き原稿の作品に関しては選考対象外となります。

〈締め切り〉 2012年９月30日（当日消印有効）

〈原稿宛先〉 〒101-8001　東京都千代田区一ツ橋２-３-１　小学館　出版局「小学館文庫小説賞」係

〈選考方法〉 小学館「文芸」編集部および編集長が選考にあたります。

〈当選発表〉 2013年５月刊の小学館文庫巻末ページで発表します。賞金は100万円(税込み)です。

〈出版権他〉 受賞作の出版権は小学館に帰属し、出版に際しては既定の印税が支払われます。また雑誌掲載権、Web上の掲載権及び二次的利用権(映像化、コミック化、ゲーム化など)も小学館に帰属します。

〈注意事項〉 二重投稿は失格とします。応募原稿の返却はいたしません。また選考に関する問い合わせには応じられません。

第12回受賞作
「マンゴスチンの恋人」
遠野りりこ

第11回受賞作
「恋の手本となりにけり」
永井紗耶子

第10回受賞作
「神様のカルテ」
夏川草介

第１回受賞作
「感染」
仙川 環

＊応募原稿にご記入いただいた個人情報は、「小学館文庫小説賞」の選考及び結果のご連絡の目的のみで使用し、あらかじめ本人の同意なく第三者に開示することはありません。